英华学者文库

教材·教学·出版

——庄智象学术论文自选集

庄智象 著

中国教育出版传媒集团
出版资助项目

Developing Coursebooks, Teaching & Publishing:

Selected Essays of Zhuang Zhixiang

中国教育出版传媒集团
高等教育出版社·北京

内容简介

　　本书收录了庄智象教授在外语教材、教学和出版3个领域的代表作，共10篇。本书作者多年从事英语教学、期刊编辑、图书出版及经营管理工作，经历、见证了改革开放以来外语教育、教学的演变与发展；先后组织、策划多种外语系列教材、学术丛书、大型辞书的编写、编辑与出版，经历和见证了外语教育、教学、出版的重大改革和发展；担任多个学术团体的领导职务，荣获多项国家、省部级奖励。作者丰富的经历赋予了本书不同寻常的洞见。读者可以从书中体悟其对外语教材、教育教学、出版独特的思考和实践。

总　序

　　29 年前，在吕叔湘、柳无忌等前贤的关心和支持下，中国英汉语比较研究会获得民政部和教育部批准成立。经过几代人的不懈努力，如今，研究会规模不断扩大，旗下二级机构已达 29 家，其发展有生机勃勃之态势。研究会始终保持初心，秉持优良传统，不断创造和发展优良的研究会文化。研究会文化的基本内涵是：

　　崇尚与鼓励科学创新、刻苦钻研、严谨治学、实事求是、谦虚谨慎、相互切磋、取长补短，杜绝与反对急功近利、浮躁草率、粗制滥造、弄虚作假、骄傲自大、沽名钓誉、拉帮结派。

　　放眼当今外语界，学术生态环境不佳。唯数量、唯"名刊"、唯项目，这些犹如一座座大山，压得中青年学者透不过气来。学术有山头，却缺少学派，这是一个不争的事实。在学术研究方面，理论创新不够，研究方法阙如，写作风气不正，作品细读不够，急功近利靡然成风，这一切导致草率之文、学术垃圾比比皆是，触目惊心，严重影响和危害了中国的学术生态环境，成为阻挡中国学术走向世界的障碍。如何在中国外语界、国际中文界树立一面旗帜，倡导一种优良的风气，从而引导中青年学者认真探索、严谨治学，这些想法促成了我们出版"英华学者文库"。

"英华学者文库"的作者是一群虔诚的"麦田里的守望者"。他们在自己的领域里，几十年默默耕耘，淡泊处世，不计名利，为的是追求真知，寻得内心的澄明。文库的每本文集都收入作者以往发表过的 10 余篇文章，凝聚了学者毕生的学术精华。为了便于阅读，每本文集都会分为几个相对独立的部分，每个部分都附有导言，以方便读者追寻作者的学术足迹，了解作者的心路历程。

我们希望所有收入的文章既有理论建构，又有透彻的分析；史料与语料并重，让文本充满思想的光芒，让读者感受语言文化的厚重。

我们整理出版"英华学者文库"的宗旨是：提升学术，铸造精品，以学彰德，以德惠学。我们希望文库能在时下一阵阵喧嚣与躁动中，注入学术的淡定和自信。"随风潜入夜，润物细无声"，我们的欣慰莫过于此。

前 10 本已经出版，后 20 本也将陆续推出。我们衷心感谢高等教育出版社为本文库所做的努力。

中国英汉语比较研究会会长　罗选民
2023 年秋

自　序

　　1972 年 11 月，我中学毕业，被选拔进入首届上海外国语大学（原上海外国语学院，简称"上外"）外语培训班，就读英语专业，学习英语语言文学。此届上外外语培训班共招收 200 名学生，男生约占三分之二，分别编入英语、德语、法语、日语、俄语、西班牙语和阿拉伯语班级，共 10 个班，其中英语为 4 个班。那时，按照要求，大学生必须从入职 2 年以上的"工、农、兵"中招收，而我们这批从中学生中选拔出来学习外语的大学生必须先取得"工、农、兵"学员的入学资格。为此，上外将这批学生全部送到安徽凤阳山麓下、大庙公社辖区内的上外"五七"干校。此时，在上外"五七"干校周边还办有上海交通大学、上海科技大学、上海机械学院的三所"五七"干校，这三所干校没有学生。就此，我们 200 名学生在这所"五七"干校边劳动，边学习，头两年以劳动为主，后两年以学习为主，一干便是 4 年。在这 4 年中，上外有一大批"反动学术权威"在干校接受"改造"，他们便成了我们的任课教师。他们深厚的学术功底和造诣、高超的外语水平、丰富的教学经验、广博的知识面、认真严谨的工作作风、一丝不苟的教学态度和耐心细致的辅导，让我们这批学生获益良多。我们还与他们一起劳动，一起学习，一起参加各种活动。无论是学习上的问题，还是生活上的困难，我们可以随时找到老师答疑释惑。可以说，师生关系颇为融洽。即使是数十年后，这段经历仍让我们难以忘怀，十分怀念。这期间，我们种粮、种菜、种果树，养鸡、养鸭、养鹅、养猪、养羊，挖土、建渠、通沟、挖塘,筑路、建房、修操场,屠宰家禽、摘菜煮饭、驾驶农机,样样都干。春播、秋收,我们去周边生产队与农民"三同"(同吃、同住、同劳动),接受贫下中农再教育,经受更艰苦的磨炼。此外,我们几乎每周有一天或半天去生产队支农劳动,挑担、施肥、翻山越岭是常事,农忙时,还去另外三所干校帮助抢收、抢种。三、四年级,我们还去工厂、煤矿、码头、铁路、部队、涉外单位"开门办学"。

4年多时间,我们经受了艰苦劳动的锻炼、艰辛生活的磨砺、刻苦学习的锤炼、风口浪尖的考验,更了解了社会,懂得了生活的艰辛和不易。此后,每每回忆起干校的岁月,我们便更加珍惜每一个工作岗位和生活时段。

1977年2月,我们这批有着特殊经历的学生完成了学业,奔赴各自的工作岗位。毕业分配时我留校任教,从此踏上工作、学习的新征程。住校近10年,我每天白天忙完工作,晚上便埋头苦读,极力想将过去失去的时间补回来,将缺失的知识结构补全,让自己学到更多东西,掌握更多知识,胜任工作,不断提升、完善自己。通过不懈努力,刻苦学习,我进入教师进修班,出国进修并攻读了博士学位,不断完善知识体系,提升教学和科研水平。助教、讲师、副教授、教授、硕士/博士生导师、二级教授,一路走来,我得到了领导、导师、同事、同行和学生的支持、呵护和帮助,一直心存感激。

毕业后,我在英语系从事教学工作,5年后,先后任《外国语言教学资料报导》(《外语界》的前身)期刊编辑部负责人,《外语界》首任编辑部主任、副主编、主编,上海外语教育出版社副总编辑、副社长、常务副社长、社长兼总编辑、书记,校党委常委、校长助理等职,兼任中国英汉语比较研究会副会长、中国编辑学会副会长、全国高校外语学刊研究会会长、上海市编辑学会会长、中国出版协会常务理事、中国大学出版社协会副理事长、中国辞书学会常务理事、中国辞书学会双语词典专业委员会副主任、中国版协经营管理工作委员会副主任、华东地区大学出版社协会理事长、上海市出版协会副主席、副理事长、上海市辞书学会副会长等职。尽管工作岗位不时变化,责任、负担不断加重,事务繁杂日盛,但我始终没有放弃教学和科研工作,不断将教学、工作中遇到的问题转化为科研课题,再将科研课题和成果转化为出版项目和成果,记录、传承、传播。教学、科研、出版互为依存、互为支持、互为支撑，共同发展和提升，使我受益匪浅，也有效地促进了各项工作。我任职 20 多年的上海外语教育出版社先后荣获良好出版社、先进高校出版社、上海市模范集体、国家一级出版社、全国百佳图书出版单位、中国出版政府奖先进出版单位、全国数字出版转型示范单位等表彰。《外语界》已成为中国最具国际影响力的学术期刊之一，多年来在全国中文核心期刊影响因子和 CSSCI 来源期刊排名中名列前茅。

光阴荏苒，转瞬几十年逝去，在忙忙碌碌中，我已不知不觉过了花甲，迈向古稀之年。我在上海外国语大学工作、学习、生活的 40 多年中，经历了国家和社会的沧桑巨变："文革"后的拨乱反正；改革开放的兴起、发展和深化；将工作重心转移到以经济建设为中心；由计划经济转轨为市场经济，加入世界贸易组织，成为世界第二大经济体；消灭绝对贫困，全面步入小康社会，以高质量的发展向着建成共同富裕的社会主义强国奋进。这期间，伴随着共和国前进的步伐，我国的外语教育事业迅猛发展，有力地支持了改革开放，服务于外贸、外交、经济、科技、文化、教育等各项事业的发展与进步，有力地促进了对外交流和交往的开展。同时，服务于外语教育事业进步和发展的外语出版业，紧跟外语教育事业发展的节奏和步伐，始终致力于我国外语教育事业的发展，促进了外语学科建设、学术繁荣、文化传承与传播、人才培养。我所从事的工作与我国的外语教育、外语出版紧密相关，无论是英语教学、《外语界》的编辑出版，还是外语类图书出版物的策划、出版社的经营管理，都与外语学科的建设与发展、学术研究、文化传播、人才培养、队伍建设息息相关。面对外语教育和外语出版发展中的问题、困难与挑战，我勤奋学习，努力工作，积极探索，从不熟悉到熟悉，从不懂到弄懂，从外行变成内行。通过学习、调查、分析、探寻，我就外语教育、外语出版开展科研工作，先后撰写、发表了 80 余篇文章；出版《现代外语教学——理论、实践与方法》《我国翻译专业建设：问题与对策》《国际化创新型外语人才培养与教材体系构建研究》《外语出版研究》《外语教育探索》《中国翻译家研究》（三卷本、荣获第五届中国出版政府奖 图书 奖提名奖）等著作 10 余部；承担、主持和完成省（部）级以上科研项目数项；策划、组织编写多种系列教材获国家级规划教材、精品教材和教育部推荐使用教材等，并获得国家级教学成果奖二等奖一项，省（部）级教学成果特等奖一项，一等奖二项。获得的主要荣誉包括"首届上海出版人奖（金奖）"（2000年），"全国百佳出版工作者"（2002年），"上海市劳动模范"（2001—2003年度），"韬奋出版奖"（2006年），新闻出版总署"首批全国新闻出版行业领军人才"（2008年），"中国百名优秀出版企业家"（2009年），"首届中国大学出版社高校出版人物奖"（2010年），"中国数字出版年度影响力人物"（2010—2011年度），"第三届中国出版政府奖优秀出版人物奖"（2013年）等。

本书所选的10篇论文，根据内容分为"教材""教学""出版"3个部分。这些文章的形成得益于我在外语教学、期刊与图书编辑、教材编写策划、组织协调、数字产品研发等工作中的长期积累，包括理论学习与探索、经营与管理实践经验总结。有的文章是学习心得，有的是教学体会，有的是工作体验，有的是实践提炼，还有的是项目成果。有的文章是导师指导的成果，有的是同事的指点、同仁的智慧和实践的结晶，还有的是领导的指引、支持和帮助的结果。这些学习、工作中的所感所悟，很难说得上有多少学术价值和借鉴意义，但具有鲜明的时代特征，反映了某个特定时期的外语教学、外语出版物的编辑出版与经营管理等方面的状况和特点。有的文章是数十年前发表的，现在看来难免肤浅和幼稚，甚至连基本的学术规范都达不到，但也从某个侧面反映了我国学术期刊的发展过程和轨迹。从这些文章中也可看出，我国改革开放在取得巨大成就的同时，学术期刊和学术著作的编辑出版也在不断规范和完善，内容和形式都日益接近和达到国际水平。

回顾40多年的学习、工作生涯，我由衷感谢曾在上外五七干校与我们朝夕相处的所有教师，是他们的谆谆教导、循循善诱，把我领进了英语的殿堂；由衷感谢曾经和我在英语系一起工作的教师，他们的教诲、指导使我懂得了应该如何工作，懂得了工作的意义；由衷感谢和我一起创办《外语界》的同事们，他们的支持和不懈努力，使这份学术期刊成为我国外语学术名刊；由衷感谢上海外国语大学和上海外语教育出版社的历任领导和同事们，他们对我工作的热情支持、无私帮助和紧密配合，使出版社健康、稳定、快速、可持续发展，取得了骄人的业绩，为我国外语教育事业的发展做出了贡献；由衷感谢全国外语界各学术团体的学者、出版界的同仁和领导，每每我在工作中遇到困难时，他们都鼎力相助。可以这么说，我取得的每一份成绩、每一步发展、每一项成果都饱含着外语界、出版界的同仁和领导、工作单位全体员工的汗水和智慧。

最后，我要特别感谢我的博士生陈刚，他帮助我做了很多文章的收集、整理和编辑工作。中国英汉语比较研究会和高等教育出版社为本书的策划、出版提出了很好的意见和建议。为保持所收文章的原貌，作者未对所收入的文章内容进行改动，仅对个别错误做了修正，对少量文字做了修改。由于时间跨度较大，有些文章难免显得粗浅，缺陷和不足在所难免，敬请读者惠予指正。

庄智象

2024 年于上海

目 录

第一部分

教材

导　言

　　笔者曾组织、策划、运营了多种重大外语教材的编写、编辑、出版和营销。这些教材大都被教育部评选为国家级规划教材、精品教材和推荐使用教材。教材篇收录四篇文章：两篇与教材建设的理论研究有关，包括笔者首倡的构建具有中国特色的教材编写和评价体系的研究，以及国际化创新型外语人才培养的教材体系建设的研究；两篇与教材出版的经典案例有关，是对大学英语和英语专业教材的编写、出版的研究和思考。

　　长期以来，我国外语界编写出版了不少外语教材，但未能很好地将编写实践和经验进行梳理、总结、分析、研究，提升到理论层面上来，以致有关外语教材编写和评价的论著寥寥无几。笔者在文中分析了造成上述情况的主要原因，指出教材编写涉及的几个方面，提出目前亟须研究的若干课题，期待在外语界的共同努力下构建科学的、系统的、完整的、具有中国特色的外语教材编写理论和评价体系。《构建具有中国特色的外语教材编写和评价体系》发表于 2006 年，在教材研究领域产生了一定的影响，迄今为止一直有较高的引用率。

《外语教材编写出版的探讨与研究》是《文汇报》的约稿。文章回顾了外语教材出版的历史与特点，展望了外语教材出版的新趋势与发展方向，提出变被动出版为主动出版的策略和教材编写、出版的重要原则与方法等。这一具有引领性的观点如今已经成为外语出版工作者的共识。文章还提出了外语出版建设仍须解决的课题，特别是教材的"拿来主义"与本土化研究和开发，今天看来仍具有现实意义。

《试论国际化创新型外语人才培养的教材体系建设》在论述国际化创新型外语人才的定义及其培养方式的基础上，重点探讨了国际化创新型人才培养的教材体系构建。文章从培养目标、课程设置、教材编写出版形式等方面讨论了中小学阶段和大学阶段教材建设体现国际化创新型外语人才培养特色的途径，并就打造高质量的、培养国际化创新型外语人才的教材体系提出了建议。

《关于英语专业本科生教材建设的一点思考》简要回顾、梳理和分析了英语专业本科生教材编写出版的历史与现状，提出了面对新的世纪、新的形势、新的任务、新的要求和新的目标，英语专业本科生教材建设的设想和建议，并介绍了新近出版[1]的"新世纪高等院校英语专业本科生系列教材"的编写理念、原则、架构等方面的特点。

---

[1] 文中"新近出版"的时间节点是文章的发表时间，即 2005 年。本书中类似"至今""今年"等表述均以文章发表年代为参照。

一 构建具有中国特色的外语教材
编写和评价体系 [1]

1. 引言

　　我国高等院校历来有根据学生和教学需要，教师自己编写教学材料（讲义、练习题）或制作教学用具的传统。无论是在中华人民共和国成立初期还是改革开放以来、21 世纪的今天，高校一直将此当作一项重要的任务列入工作计划，并且将教材的编写出版、更新和创新视作学科建设的重要任务。尤其是在最近几个"五年规划"期间，由国家教委（教育部）和有关部委立项的国家级规划教材，每一个五年的出版总数几乎都以两位数以上的速度增长。外语教材亦概莫能外，无论是中小学外语（主要是英语）教材、大学英语教材、高职高专英语教材，还是英语专业本科生教材，甚至更高层次的研究生公共英语教材和英语专业的研究生教材，都呈现出一派繁荣的景象。可以说，无论是教材的编写者、高校的行政领导，还是出版机构或上级主管部门，对外语教材的编写出版和组织协调的积极性都是空前的。一方面，这说明我国政府和外语界的专家学者及行政领导十分重视外语学科的建设，重视教学材料的建设和创新，积极支持编写出版更多更好的外语教材，满足各级各类外语学习者的需求，普及和提高我国的外语教育水平。另一方面，全国有三亿多人学习外语，这一巨大的市

1　原载《外语界》2006 年第 6 期，49—56 页。

场亦不可避免地吸引众多的编写者和出版者去开发、开拓、耕耘。无论是否有合适的编写者，无论出版者是否有资质，都一拥而上，一哄而起，不管是否具备条件，都来组织编写和出版外语教材。于是，专业外语出版社主要承担起了外语教材的组织编写和出版任务，综合性出版社亦不落后，尽量多出外语教材，其他专业性较强的出版社也紧紧跟上。据统计，全国五百多家出版社，几乎没有不出版外语图书的，其中教材和教辅是主要品种。当然，这么多的编写者、这么多的出版社热衷于教材的编写出版，不能否认，其中不乏精品之作，尤其是专业外语出版社，对外语教材的出版倾注了全部精力，力求打造精品，不断在编写内容、形式、手段上创新，制定标准和样板，出版了一批高质量的、很有特色的、有一定创新性的教材，为我国外语教育水平的提高做出了积极的贡献。然而，这么多的编写者和这么多的出版单位争先恐后地编写和出版外语教材，质量难免参差不齐，对外语教材建设的健康发展，对外语教学质量的提高以及对教材的选用都带来了不少隐患。尽管我国每年要出版一大批外语教材，但外语教材编写的理论和实践方面的研究相当薄弱。不少外语学术期刊发表过一些文章，探讨外语教材的编写理论、方法、手段，对教材进行介绍、评价，亦从使用的角度对一些教材的编写实践进行了分析和总结，也有不少教材使用者从教学实践中的感悟、体会出发，对一些教材展开了评论，分析了一些教材的特点、优势和不足。这些工作无疑对我国外语教材的编写理论和评价体系的建立产生了积极的作用，也取得了一些十分有益的成果。然而，这些总结、分析、介绍或评论都缺乏系统性，亦未能提炼成某种理论观点，更没有形成理论体系。无论是论文数量和质量，还是专著的发表与出版，都与我国大量的、丰富的教材编写实践不相吻合。即使在海外，有关外语教材编写理论与实践方面的论著，尤其是高等院校英语教材编写理论与实践方面的学术著作和论文亦不是太多，笔者曾经在互联网上查找，或请海外的学者推荐、查找这方面的论著，结果令人失望。有鉴于此，开展外语教材编写理论和实践方面的研究，特别是高校大学英语教材编写理论与实践研究尤为紧迫，意义重大。我国每年必修大学英语课程的学生多达数千万，人数之多、影响之广，可谓独一无二。可以说，这门课程与我国高级人才培养、未来经济、社会和各项事业的发展息息相关。

如果我们能够从实践出发，孜孜以求，积极努力地探索和总结高校英语教材编写的实践，使之上升为理论，构建科学的、系统的、完整的、具有中国特色的外语教材编写理论和评价体系，无论是对教材的编写、教材质量和水平的不断提高，还是对教材的评价和选择指导以及人才培养、社会发展都会有十分重要的现实意义和深远的历史意义。

2. 我国外语教材编写和评价体系面临的问题与挑战

应该说，我国高校的专家、学者、教授长期以来有着非常丰富和成功的教材编写实践经验，也十分注意在实践中不断进行总结，使其上升至理论，又反过来指导实践。然而，至今我们很难找到外语教材编写理论和实践研究及评价方面较为完整、系统的论著，尤其是专著，这不能不说是件令人遗憾的事情。笔者以为，出现目前状况的主要原因如下：

第一，重实践、轻理论。如前所述，我国高校教师一直有自己编写教材的传统，亦编写出版了不少非常优秀的教材，有的获得了国家级的大奖，如《大学英语》系列教材，《新编英语教程》《大学核心英语》《新英语教程》等。但是令人遗憾的是，每次教材编写出版后，无论是编写者、使用者，还是有关职能部门，都未能重视教材编写理论方面的总结和提炼，往往仅仅对教材编写的一些具体事务进行总结。更有甚者，认为教材编写无理论可言，前人怎么编写，我也怎么编写，同类教材这么编写，我也这么编写。司空见惯的是，在准备编写教材时，通常仿照同类教材的编写体系和方法，甚至照搬、照抄别人的内容和模式。当然在编写教材时，做些调查研究工作，研究一下前人或同类教材的编写体系、模式和方法是完全必要的，也是可取的。但是，这种研究不应该是简单模仿或刻意照抄、照搬，而是应该根据一定时期内人才培养目标和培养模式、课程设置的需求，来确定教材的内容和编写体系及模式，总结前人和同类教材的利弊，扬长避短，尤其是注意将前人或同类教材的有益实践和经验提升到理论层次，以此来指导教材的编写。长期坚持实践→理论，理论→实践，不断提升，不断完善，必能构建具有中国特色的外语教材编写理论体系。总之，至今外语教材编写方面的高质量的学术论文不多见，理论专著则更是寥若晨星，这与我们重实践、轻理论，不重视理论积累、提升和研究不无关系。

第二，盲目照搬、照抄国外的模式和方法，缺乏国情研究。编写外语教材时参考国外的教材很重要，也非常必要，一来可以了解国外教材编写的模式、方法和体系；二来可以借鉴其成功的经验和方法，为我所用；三来可以探究其发展趋势。总之，了解、跟踪、借鉴国外的经验和理论、模式和方法，尤其是以该语言为母语的国家的经验和理论、模式、方法和体系对编写外语教材来说是必不可少的环节。但是，这种了解、借鉴必须是有目的、有分析、有选择的，而不是盲目地全盘吸收或照搬。很多人在编写教材时，会说国外当前最新的、最流行的教材采用何种教学方法编写。国外采用听说法，我们也采用听说法；国外使用交际法，我们也使用交际法；国外运用任务教学法，我们也运用任务教学法；国外提倡"以学生为中心"，我们"以学生为中心"；国外说应该是"学习为中心"，我们也跟着说应该是"以学习为中心"，而不是"以学生为中心"；国外说折中法是最好的教学法，我们也紧随其后附和。当然，积极关注和吸收国外先进的教材编写理念和教学方法是十分重要和完全必要的。但是任何对国外理论和方法的学习和借鉴都必须充分考虑到中国的国情。首先，我们学习的英语或德语、法语等语言都是外国语而不是第二语言，更不是欧美人的母语；欧美人所编的很多教材的授课对象以英语为第二语言或母语，其语言环境、学习环境和方法及过程往往与外语学习不尽相同。其次，如果教材是为第二语言或母语学习者而编写的，则其学习的过程和认知心理特点，甚至是主题和语料也与为外语学习者所编写的教材有诸多的不同和差异。最后，由于上述差异，两种教材所采用的教学方法和手段亦有较大的不同和独特的个性。改革开放以来，我国在外语教材的编写和出版方面取得了长足的进步与发展，亦加强和密切了与国外同行的交流与合作，取得了不少优秀的成果。但是在这一过程中，我们往往对我国学生学习外语的需求、过程、方法、特点，以及语言环境、年龄特点、知识结构和层次等缺乏足够的研究和认识。在编写教材时，未能给予足够的重视，更未能作为编写理论、原则、指导思想或特点列入编写大纲，这恐怕也与外语教学的"高耗低效"有着一定的关系吧。

第三，缺乏科学的、完整的、系统的、实用的、可操作的教材评价体系。如上所述，我国学者有着十分丰富的外语教材编写实践，且积累了丰富的经验，但是对于如何评价教材，如何科学地、完整地、系统地评价外语教材，缺乏足够的重视和研究。一套或数套教材出版后，编写者常常会召开一些会议或发表一些教材编写的指导思想、原则、谈论编写体系和方法及特点的演讲或文章，使用者也会在研讨会上或在期刊上发表一些使用的体会和经验，让更多的教师和学生了解其特点、长处及不足。一种教材或一套教材究竟应该从哪几个方面去评价？评价的依据是什么？科学性标准是什么？完整性、系统性怎么看？实用性又是依何为标准？合乎哪几条标准的可视作上乘教材？一直以来，我们对上述问题没有形成或建立一套检测标准或评估体系。如果我们有一套科学的、完整的、系统的、实用性较强的、可操作的、合乎实际需要的评估体系或标准，则十分有利于和有益于外语教材的建设和发展，也便于教学单位、教师和学生选择教材。

3. 外语教材编写和评价体系涉及的几个方面

外语教材编写理论和评价体系涉及诸多方面和因素，诸如教育学、应用语言学、社会语言学、认知语言学、教学方法和手段、师资队伍等，同时必须考虑市场和社会需求分析、读者对象的定位，以人为本，以学习者或学习为中心，全程服务于受众，充分考虑到受众的学习心理特点和过程，以及教材编写的一些基本理论、指导思想、原则及方法。

3.1 以教学大纲为依据，以需求分析为基础

编写外语教材（当然也包括其他教材）的依据是教学的指导性文件——教学大纲（syllabus）。教学大纲一般由教育行政部门制定或委托有关学术团体研制，并由教育行政部门颁布，主要规定课程的目的、内容和要求，对教学模式和教学方法进行指导或提出建议。教学大纲一般可分为综合型大纲、分析型大纲、结果性大纲和过程性大纲。综合型大纲下还可细分为语法大纲等；分析型

大纲又可细分为情景大纲、功能大纲、意念大纲；过程性大纲也可细分为程序型大纲、任务型大纲、内容型大纲等。教学大纲与教材编写有着十分密切的关系。教学大纲主要规定课程的目的、内容和要求，对教学方法和教学模式进行指导。一般认为，教材的编写是以教学大纲的要求为依据的，同时在教材的编写体系中又必须体现一种或若干种教学理论体系或教学方法，使教学大纲规定的教学目标、内容和要求在教材中得到充分的体现，以保证教学大纲所规定的目标的实现、任务的完成。编写教材除了要依据教学大纲规定的目标、内容和任务，还应充分考虑受众即教材使用者（学习者）的需求。当然，教育行政部门或学术团体在研制教学大纲时已经对学习者的需求做了充分的调查和分析，但这种调查和分析往往只能以大多数学习者的需求为依据，很难充分考虑到某一特殊群体或某一地区、某一特殊时期的学习者的需求。要以一个大纲规定和统一全国所有学校的教学，是很难做到的。因此在研制大纲时往往留有一定的弹性和灵活性，也就是所谓的对不同地区、不同学校、不同学习群体，实施分类指导。有鉴于此，在编写外语教材时，仍然要进行充分的、较全面的需求调查和分析，在确定教材的受众后，必须对这一群体展开充分的、全面的需求调查，在取得充足数据的基础上进行分析。需求调查采样，不仅应在在校学生中进行，还应在已毕业学生中进行，而且毕业生对原来的教学目标、任务、要求更有发言权，因为实践是对教学的最好检验，可从他们的实践中得到很多十分宝贵的、有益的启示和建议。除了对学生进行需求调查，还应对教师和用人单位进行调查。从对教师的调查中，可以获取教学实践中的教学需求和意见、建议；从对用人单位的调查中，可了解到现行大纲和教材的优点和不足，有利于进行弥补和调整。对社会和发展需求进行调查和预测，不但可了解和认识今天的需求，还可预测明天和未来的需求，做到有一定的前瞻性。需求调查的范围不应局限于本地，还应扩大至全国乃至国际，这样不但了解局部，而且了解全局。调查的学校应包括多种类型，不但有最好的学校，还应有一般的，更应有比较差的学校，这样可做到对各级各类学校的需求心中有数，有利于准确定位。经过充分调查、严谨分析，就可确定教材的受众，编写理念、指导思想、原则，教材的内容、教学方法和手段，教材的定位（起点、过程和终点）、种类等。

以大纲为依据编写教材，充分理解和吃透大纲精神，熟悉和掌握大纲规定的教学目标、任务和要求，开展充分的需求调查和分析是编写教材过程中十分重要的、必不可少的基础工作。

3.2 以人为本，服务于学习者人格的塑造、素质的培养和智力的开发

外语教学材料的编写和选择同课程设置一样是为人才培养目标服务的。《高等学校英语专业英语教学大纲》（2000）指出："高等学校英语专业培养具有扎实的英语语言基础和广博的文化知识并能熟练地运用英语在外事、教育、经贸、文化、科技、军事等部门从事翻译、教学、管理、研究等工作的复合型英语人才。……21世纪我国高等院校英语专业人才的培养目标和规格：这些人才应具有扎实的基本功、宽广的知识面、一定的相关专业知识、较强的能力和较高的素质。"英语专业的教学大纲对人才培养目标和规格进行了描述和界定。而对于非英语专业大学生必修的英语课，《大学英语教学大纲》（1999）指出："大学英语教学的目的是：培养学生具有较强的阅读能力和一定的听、说、写、译能力，使他们能用英语交流信息。"《大学英语课程教学要求（试行）》（2004）则指出："大学英语的教学目标是培养学生的英语综合应用能力，特别是听说能力，使他们在今后工作和社会交往中能用英语有效地进行口头和书面的信息交流，同时增强其自主学习能力，提高综合文化素养，以适应我国社会发展和国际交流的需要。"教学材料的编写和选择要围绕着人才培养的总体目标，服务于人才培养规格。英语专业培养的是适合各行业的复合型英语人才，"具备扎实的语言基本功、宽广的知识面、一定的相关专业知识、较强的能力和较高的素质"，所有教学材料的编写和选择都应符合这些要求。教学材料除了打好语言知识、语言技能、文化知识基本功，还应始终将学习者的个人发展、健康的成长、人格的塑造、综合能力和素质的培养及智力的开发放在突出的位置。即使在语言知识和技能的学习、传授和训练中，也应充分注意和重视语言认知和习得的规律、特点，使其合乎人的发展规律和需要。无论是语言习得的过程还是习得的环境和方法都须有利于人的发展。大学英语作为一门课程，它的教学材料的编写和选择，除了内容深度、数量、科目等与英语专

业不同外，在有利于学习者的人格的塑造、素质的培养和智力的开发等方面与英语专业都是一致的。也就是说，我们在开展教材编写理论研究时，或在实践运用中，必须将人的发展需要放在首位。一切工作都要围绕着高尚人格的塑造、优秀素质的培养和智商、智力的充分开发来开展。

3.3 以针对性、科学性、完整性、系统性为原则

教学材料编写首先应有较强的针对性，明确为谁编写，为何编写。为英语专业学生编写的教材就必须充分考虑其作为专业的要求和特点，起点、过程和终点须十分明确；为大学英语（公共英语）学生编写的教材就必须充分考虑到非专业课程的要求和特点，有限的课时，大班学习，各校、各地区之间的不平衡，起点和终点各校各地区未必一致等因素。这更要求编写者有明确的、准确的定位，要有具体、个性化的定位。大而统的、所谓人人可用的教材缺乏准确定位，这恐怕是很多教材不受欢迎的一个重要原因。其次，必须有较强的科学性，也就是说，教材的编写要合乎学习规律，适应和符合学习者的认知心理过程和特点，充分考虑到外语学习的语言环境、文化因素等，采用有针对性的、合乎实际的编写体系和理论指导原则。无论是教学方法和选材原则，还是练习的设计，都应遵循语言习得规律，尤其要充分考虑到英语作为外语学习的诸多特点和因素，坚持外语教材编写的真实性原则、循序渐进原则、趣味性原则、多样性原则、现代性原则和实用性原则。再次，教学材料应有较好的完整性。教学材料在内容、目标和要求等诸方面应该体现出一个完整知识和技能的体系和系统性。语言知识、语言技能、文化知识、相关专业知识等内容应相互结合、相互渗透、相互支撑，形成一个有机的、完整的体系。语言知识类教材应该是一个完整的体系，而不应是支离破碎的、七零八落的、残缺不全的片言只语。同样，语言技能类教材也应覆盖所有的语言技能，听说读写译全面发展，互为依存、互为促进，而不是只有片面的、厚此薄彼的技能。文化知识、相关知识也应该是一个完整的体系，应是互为补充、互相促进的完整的知识结构，要有利于学生掌握完整的知识结构和技能体系。最后，教学材料应该有较好的系统性，无论是语言知识类教材、语言技能类教材还是文化知识类教材的编写，都

应十分注意其系统性。中国人学外语往往十分注重学习和掌握整个语言体系，因为从某种意义上说，只有具备了语言能力，才能具备交际能力，外语学习不掌握整个语言体系，则不能说是掌握了这门语言，其交际能力亦是受到限制的。因此，教学材料的编写一定要注意和突出系统性，语言知识、技能、跨文化交际、学习策略、学习情感等应形成一个完整的系统。同时，根据时代的发展情况，应尽可能实现立体化、配套齐全，而不是残缺不全、不成体系。

3.4 以倡导健康、奋发向上的人文精神为导向，服务和促进人的发展

教学材料的编写，应始终坚持正确的导向，宣扬和传授积极的、促人奋发向上的精神，将人类优秀的文化，优秀高尚的思想道德和情操通过语言学习潜移默化地传授给学习者，促进学习者心智的健康发展。因此，教材的内容、教材的舆论导向、教材所倡导的东西，往往会对学习者产生深刻久远的作用，直接影响学习者的世界观的形成。教材在思想内容方面提倡什么、反对什么，尤其会给青年学生打下深刻的烙印。在教材编写中，无论是选材、练习设计，还是教学活动等都必须坚持正确的导向原则，服务并促进学习者心智的健康发展和成长。

3.5 以稳定性、共同性为原则，兼顾特殊性和可选择性

我国外语教材的编写和选择，应首先考虑到该语言是作为外语，而不是作为第二语言，来教和学的。其学习的语言环境、文化差异、心理认知过程都具有中国语言文化的特殊性。当然，外语教材或英语教材应该给学生提供一个完整的语言和技能体系。这个语言和技能体系应该是基本稳定的，应该定位在大多数学习者所应掌握的基本的语言共核上，也就是常言所说的基本的语言知识与技能——语言基本功。也就是说，外语教材无论怎么编，采用何种理论体系、何种教学方法、何种形式，都应让该语言的基本的语音、词汇、语法体系和听、说、读、写等语言知识和技能在教材中全面完整地通过课文和练习及教学活动实现，最终使学习者能够具备较强的交际能力。此外，还应充分考虑到教材受众的个性差异和特点，部分内容和项目应当由教师和学生根据各自的特点和需

要来选择。在一套教材中，不但要有一定的可供教师和学生选择的余地，在一册书中、一个单元中，亦应该安排一定的内容和项目供选择。这样既可满足一般的需要，又可满足不同个性的需要，更有利于因材施教和分类指导。

4. 目前亟须研究的一些课题

4.1 我国外语教材编写的基本理论和评价体系研究

长期以来，我国编写出版了许多外语教材，其中有些教材编得非常好，深受教师和学生的欢迎，促进了教学的发展，培养了成千上万的外语人才和既掌握专业又懂外语的人才，不少教材亦因此荣获国家和省部级以上各类奖项。但是，我们没有将这些丰富的经验进行很好的总结和提炼，使它上升到理论水平。现在，十分有必要对这些教材的编写基本理论进行研究，形成具有中国特色的外语教材编写的基本理论和评价原则及体系，用于指导日后教材的编写。

4.2 对国外第二语言或外语教材编写理论和特点的研究

改革开放以来，我国与国外教育界的交往日益频繁，引进的外语教材成百上千，其中不乏质量上乘的教材。通过引进、借鉴、消化，促进和丰富了我国外语教材编写的实践和理论。开展对这些教材编写理论和特点的研究，探索其采取的基本理论体系、原则和方法，归纳或提炼其特点，则有助于我们提高对引进类外语教材的鉴别力和判断力，同时也有助于我们了解和熟悉国外教材的理论研究的新发展和通常采用的编写理论、方法和手段，有助于我们知己知彼、洋为中用。

4.3 对国内现行英语教材的编写理论与实践的研究

近20年来，我国编写出版了几十套供英语专业和大学英语教学使用的教材。有的昙花一现，用了没几年就因各种原因"寿终正寝"，有的仅在很小的范围内使用，使用的人数有限。大浪淘沙，经过数十年的教学检验和市场考验，现今有了数套广泛使用的英语专业教材和大学英语教材。其定位准确、教学理念先进、教学方法合乎国情、内容贴近时代、选材广泛、体裁多样、练习设计和教学活动符合学习者心理认知特点，有助于学习者系统地掌握整个语言体系和语言能力，打下扎实的语言基本功。而且这些教材均因教材、教参、多媒体、网络配套齐全而深受师生们的欢迎和喜爱。因此十分有必要对这些现行教材的编写理论和实践进行专题研究，有所发现、有所借鉴，为指导实践、创新理论做出积极的贡献。

4.4　对引进类教材的分析和研究

目前，我国各出版社引进出版的英语教材品种和数量可观，且有不断上升的趋势。这些教材的编写理念是否先进？教学对象是否明确？定位是否准确？教学材料是否反映时代特点？题材、体裁配置是否恰当？编写方面有哪些鲜明的特点，适用于哪一群体的学习者？教材在设计和编排上有何创新？练习设计和教学活动是否合乎学习者的心理认知过程和规律？是否合乎国情？我们有必要研究和探讨这些问题，以便对引进类教材有一个清晰的了解和认识，他山之石，可以攻玉。

4.5　传统概念的教材与多媒体、立体化、网络化教材的关系及匹配情况研究

近十年来，随着科学技术的发展，电脑的普及、计算机辅助教学的发展方兴未艾，如火如荼。原本单调的语言知识和目的语国家文化的讲解与传授、机械的语言技能操练，因多媒体和网络技术的应用而变得生动活泼、形式多样。语言知识的讲解与传授和语言技能的操练形式丰富，人机互动趣味盎然，教学效果显著，目的语国家文化的讲解更是生动、直观，教学资料丰富，信息检索便捷。但是多媒体、立体化、网络化教材的发展将对传统概念的教材产生多大影响？带来多大冲击？传统概念的教材还有多大优势？如何将纸质教材与电子化、网络化有效匹配，各司其职，充分发挥各自的优势和特点？在教材设计时如何处理好各自的关系？如何有效配置？课堂上如何使用不同载体的教学材料和资源？诸多课题值得我们深入探讨和研究，为搞好计算机辅助教学、促进教学效果和质量的提高做出积极的努力和贡献。

4.6 课本与多元化教学资源的关系研究

传统的外语教材通常由课本、练习册、教学参考书（教师用书）组成。多元化教学资源的开发和使用，使教学材料、教学资源更为丰富，来源亦更加多元化、多渠道化。无论是关于语言知识、语言技能的课本或教材，还是关于文化知识与相关知识的课本，其载体都比以往更加丰富、更加多样化。如何对不同的载体——纸质、音像、多媒体光盘、网络的资源与课本进行有效配置和充分利用，一体为主，相互依存，互为促进、互为补充，各自发挥其优势与特点，而不是仅仅将纸质的内容搬上音像的、多媒体的或网络的载体？如何将课本与多元化的教学资源的关系处理好，更有效地合理配置，开拓教学资源，使教学的开展超越时空？这些问题亟须研究。

4.7 外语教材的评价体系研究

改革开放以来，外语教材的编写出版日趋繁荣，可供选择的教材越来越多。国内编写出版的、从国外引进的，只要想得到，几乎都找得到。但是其编写水平和质量参差不齐，选用者不易鉴别良莠。为了不断提高外语教材的编写水平和质量，为使用者提供选择教材的标准，外语教师和外语教育研究人员亟须积极开展外语教材评价体系研究，在外语教材的评价原则、评价方法、评价标准、评价内容等方面研制出科学的、客观的、实用的、可操作的评价体系，供教师和学生在选用教材时参考。

4.8 教材编写内容、形式、手段等方面创新研究

通常，外语教材往往在编写时，较多参考同类教材的编写体系、内容、方法和形式，或研究一下国外教材有何可借鉴之处，比较多地关注选材、练习设计、课堂活动等，这些都是必要的。但是我们在编写外语教材时还应多考虑中国人学习外语的一些特点，他们的语言认知特点、文化知识水平等。在选材时应充分考虑他们生活的时代的特点、已具备的文化水平、认知特点，以及其他学科的内容。练习设计则应按教学和认知要求来设计，应具有趣味性、互动性、针对性，服务和促进语言和文化的习得。现在的一种倾向是教材过于贴近某一

种全国性测试。让学生熟悉一下题型未尝不可，但须掌握一个度。怎样使编写的形式、手段等适应时代发展的需要，是很值得外语教师、教材编写者和出版者共同探讨和研究的问题。

5. 结束语

构建具有中国特色的外语教材编写和评价体系是一个紧迫而十分有意义的课题。这一课题与我国外语教材编写体系的建立、评价标准的设立、外语教材编写理论水平的提高、外语教材编写水平和质量的提高、教材的选择和使用都有着密切的关系。但它又是一项涉及面广，内容繁多且复杂的系统工程，在很多方面都应开展专门的调查和研究。目前，这一领域的研究成果不多，可借鉴的资料有限，本文所谈及的现状分析、存在的问题，论述的理论和原则，提出的建议和设想都是十分肤浅的，看法也未必正确，涉及的层面亦难免挂一漏万。笔者发表这些看法，就这些问题求教于外语界的同行，并希望起到抛砖引玉的作用。

参考文献

• 程晓堂. 英语教材分析与设计 [M]. 北京：外语教学与研究出版社，2002.

•《大学英语教学大纲》修订组. 大学英语教学大纲（修订本）[Z]. 上海：上海外语教育出版社，1999.

• 高等学校英语专业教学指导委员会英语组. 高等学校英语专业英语教学大纲 [Z]. 上海：上海外语教育出版社，2000.

• 教育部高等教育司. 大学英语课程教学要求（试行）[Z]. 上海：上海外语教育出版社，2004.

• 束定芳，庄智象. 现代外语教学——理论、实践与方法 [M]. 上海：上海外语教育出版社，1996.

• LYNCH B K. Language assessment and programme evaluation [M]. Edinburgh: Edinburgh University Press，2003.

• McGRATH I. Materials evaluation and design for language teaching [M]. Edinburgh: Edinburgh University Press，2002.

二 外语教材编写出版的
探讨与研究 [1]

今年是我国改革开放 30 周年。在中国社会不断深化改革、不断推进开放的过程中，出现了对各类外语人才前所未有的渴求，对外语教学和外语教材的需求，也在持续快速增长。这些年来外语教材编写和出版建设取得的丰硕收获，既是改革开放事业深入发展的必然结果，同时又对我国改革开放的历史进程产生了不容忽视的影响。深入回顾和梳理在这方面形成的经验、存在的问题和面临的新挑战，对于我们继续做好这方面的工作，更好地服务于当前仍需要我们继续大力推进的改革开放事业，具有重要意义。

1. 简要的历史回溯和若干启示

外语教材建设作为教学改革的重要内容之一，直接关系着教学质量、学科发展与人才培养。因而，教材的出版工作承载着很多的社会责任与教育期望，影响着我国几亿学生的学习质量与成长发展。中国出版人本着科学、严谨、负责的态度，在探索和建设科学、系统并具有中国特色的外语教材编写与出版体系方面，进行了持续不断的探索和努力。

改革开放初期到 20 世纪 80 年代中叶，可以说是我国外语教材建设的积累

1　原载《文汇报》2008 年 6 月 23 日第 12 版。

阶段，当时优质外语教材的数量已无法满足社会的爆发性需求。1986年，教育部颁布了统一的大学英语教学大纲，一批以"文理工相通"、突出阅读技能培养为特色的英语教材相继问世，如董亚芬教授主编的《大学英语》、杨惠中和张彦斌教授主编的《大学核心英语》、陆慈教授主编的《英语教程》、与国外合作编写的《现代英语》等，这些教材在我国改革开放以来的英语教育中发挥了不可磨灭的作用。80年代末，教育部先后颁布了英语专业基础阶段和高年级阶段的教学大纲，于是外语教材建设又进入了一个新的发展时期：李观仪教授主编的《新编英语教程》、李筱菊教授主编的《交际英语教程·核心课程》、黄源深和朱钟毅教授为高等师范院校主编的《英语》、胡文仲教授主编的《大学英语教程》等进一步推动了英语学科的教材建设和学科发展。90年代后期开始，我国高等教育的规模又有了进一步的扩大。教育部采取了一系列深化教学改革的举措，包括大学外语教学大纲的修订、网络教学的试点等，我国的外语教材建设开创了新局面，涌现出诸如《大学英语》（全新版）、《大学英语》（修订版）、《新世纪大学英语》《21世纪大学英语》《新视野大学英语》等大量各具特色的新教材，并从纸质平面教材向以多媒体网络为依托的立体化教材发展。

在近几个"五年规划"期间，国家级规划教材的数量以两位数以上的速度增长。随着经济全球化与国际交流的深入开展，外语与计算机成为21世纪人类"学会生存"与"适应生存"的两大需求。全国有3亿多人在学习外语，这一巨大的市场亦不可避免地吸引着众多的编写者和出版者去从事教材的开发、出版工作。尽管我国每年都要出版一大批外语教材，但外语教材编写出版理论和实践方面的研究仍然比较薄弱，众多的编写者、出版社热衷于出版教材、教辅，难免出现质量不过关的情况。这给教材的选用、教材建设的健康发展和外语教学质量的提高带来了隐患。

教材开发是一项需要慎重对待的系统工程，它必须服务于我国的改革开放和教学改革。从实际出发，不断总结与反思外语教材出版新的理念和方法以及存在的问题，探索科学、系统并具有中国特色的外语教材编写与出版体系，对外语教材质量和水平的提高，对促进外语学科建设与人才培养都具有重要的现实意义。编写外语教材，笔者以为必须以教学大纲为依据，以需求分析为基础。这个问题的重要性笔者无须多说。还要以人为本，服务于学习者人格的塑造、素质的培养和心智的发展。教材的内容、教材所倡导的观点，往往会对学习者产生深远的影响。外语教材的出版，应始终坚持正确的导向，宣扬和传授积极向上的精神。外语教学材料除了帮助学习者打好语言知识、语言技能、文化知识等基本功，还应始终关注人的发展，关注学习者的健康成长、人格的塑造、综合能力和综合素质的培养及心智的成熟。要坚持"质量为先"，切忌"急功近利"。教材不是一般的出版物，稍有差错就可能影响千千万万的学习者，所以从事教材出版必须有"如履薄冰"的感觉。教材质量是教材出版的第一要素，"质量为先"是教材出版要遵循的重要原则。笔者认为，优质的教材一定是"磨"出来的。"急功近利"或"一蹴而就"做不出好教材。

2. 外语教材出版的新趋势及其意义

在知识快速更新的今天，教材出版者必须具有敏锐的反应能力和前瞻性思维能力，必须密切关注市场与教学的变化，随时满足社会与市场需求，满足教学需求，否则教材出版就难以做到有效地服务教学改革、服务学科建设、服务人才培养。结合近几年外语教材出版的快速发展，结合上海外语教育出版社（简称外教社）教材出版的实践体会，笔者认为以下几点体现了外语教材出版日渐成熟的发展趋势：

2.1　不断适应社会需求，变被动出版为主动出版

传统出版的做法是书稿由编辑组稿或作者投稿，然后出版社进行选题论证，决定是否采用。在这种情况下，图书的内容与风格基本上由作者自主决定，出版社处于被动地位，即便在审读时发现一些问题，也多半是局部的或文字方面的问题，整部教材的编写理念与结构不可能再作根本性改变，此时木已成舟。外教社的某些出版物仍然沿袭了传统出版做法，但在教材出版上已有了质的变化——由被动等待书稿或寻找书稿转变为出版社根据社会和市场需求、教学需

要和人才培养目标与规格的变化进行自主研发。教材的出版战略、编写理念与思路、市场定位、整体框架等由出版社及编辑根据调研和分析结果预先设定，出版社在教材的编写出版上拥有了更多的主动权和发言权，虽然教材的编撰者是专家而非出版社的编辑，但编辑们应了解教学，熟悉教材编写的理论、方法与流程，了解教学规律与特点，掌握市场变化和要求，所策划、编写的教材应做到理念先进、定位准确、特点鲜明，这有利于提升教材的整体质量。

2.2 坚持以针对性、科学性、系统性、稳定性为原则，兼顾特殊性和可选择性

第一，外语学习有循序渐进的规律，有的外语教材出现了"四代同堂"的局面，小学、初中、高中、大学都在使用同一种教材，难以满足不同教育群体的学习需求，这就要求外语教材应具有准确和具体的目标定位。第二，外语教材要有较强的科学性，教材的编写出版要符合学习规律，适应学习者的认知心理过程与特点，充分考虑外语学习的环境、条件与实际情况，坚持外语教材出版的"真实性原则、循序渐进原则、趣味性原则和实用性原则"。第三，外语教材应为学生提供一个完整的语言和技能训练体系。中国人学习外语十分注重学习和掌握整个语言体系，因为从某种意义上说，只有具备了语言能力，才能具备交际能力，外语学习如果不掌握整个语言体系，就不能说掌握了这门语言，交际能力亦会受到限制。外语教材所涵盖的语言知识、语言技能、文化知识等内容都应是相互结合、相互渗透的整体，不能七零八落，也不能厚此薄彼。第四，教材是教学内容的主要载体，教材的相对统一和稳定是必要的，否则难以保证正常的教学秩序和一定的教学效果。外语学习体系和外语教材的编写设计应保持一定的稳定性，但这并不是说教材不该随着社会发展和教学需求的变化而变化。此外，外语教材还要兼顾特殊性和可选择性，要考虑教材使用者的差异和特点，要有一定的内容和项目由教师和学生根据各自的需要选择，要有利于因材施教与分类指导。令人高兴的是，这些基本的理念，正在成为越来越多的外语教材编写者和出版工作者的共识。

3.. 外语教材出版建设仍需研究解决的课题

3.1 对我国外语教材编写出版的理论和评价体系的研究

长期以来，尽管我国外语界的专家、学者在教材建设和编写方面倾注了大量的心血，已编写出版了不少优秀的教材，但遗憾的是，有关教材编写出版的理论体系尚未形成。有的教材在编写出版过程中，缺乏理论指导，前人怎么编写，我也怎么编写，亦未能很好地将实践和经验提炼成理论，并反过来用理论指导教材出版。另外，对于如何科学、客观地评价外语教材，也缺乏系统的评估体系与标准。因此，有必要对教材的编写及出版过程进行研究，形成具有中国特色的外语教材出版的基本理论和评价体系，用于指导今后外语教材的编写出版，也便于教学单位、教师和学生选择教材。

3.2 教材出版的"拿来主义"与本土化研究

改革开放以来，我国与国外教育界、出版界的交流与合作日益频繁，引进出版了大量优秀的外语教材。但从以英语为母语的国家引进的原版教材，并不一定符合我国学生学习英语的认知特点和学习方法及习惯，也不一定会获得理想的教学效果。文化、思维、学习方式、教学方法等诸方面的差异，导致相当一部分原版教材与我国外语教学实际不相符。任何对国外理论与方法的学习、借鉴都必须充分考虑中国国情，结合中国的实际。在引进国外原版语言教材时，一定要对国外教材的定位、编写模式、读者对象编写特点、使用情况等进行深入的了解，提高对国外原版外语教材的鉴别力与判断力，或者结合我国外语教学的实际需要对教材进行"本土化"改造，使之"洋为中用"，服务于我国的外语教学。

3.3 传统概念上的教材与教材出版的立体化、数字化研究

现代信息技术的迅速发展对传统出版业产生了巨大的影响，外语教材出版已不局限于传统的纸质教材开发，而呈现出多媒体、立体化、网络化、数字化发展趋势。1998 年，外教社开始为教材配备立体化教学光盘，新技术的运用

大大拓展了纸质教材的发展空间，为教师和学习者提供了更多的内容资源。一方面，我们应认识到计算机辅助教学、网络等先进教育手段所具有的优势，另一方面，也应考虑如何将纸质教材与数字化教材进行有效匹配，使它们各司其职，充分发挥各自的优势与特点。总之，要在教材的设计与使用过程中处理好两者的关系。

以上这些课题仍值得我们进一步探讨与研究。希望我国外语教育界、出版界的同行，能够共同深入研究、探讨外语教材出版发展过程中的经验与问题，更好地承担起外语教材出版的使命与责任，开创外语教材建设的新局面，为外语教学改革和新世纪外语人才的培养做出我们应有的贡献！

三 试论国际化创新型外语人才
培养的教材体系建设 [1]

我们前期的研究分析了国际化创新型外语人才的内涵、规格和培养目标，阐述了国际化创新型外语人才培养涉及的各种要素，如课程、师资、教材、教法、教学管理模式等（庄智象等 2011，2012a，2012b，2012c）。在诸多要素中，教材能够集中体现国际化创新型外语人才培养的目标、规格和课程体系的要求，教材建设是人才培养的重要环节。由此，本文拟对教材体系建设进行专门的探讨，论述如何针对国际化创新型外语人才培养构建特色鲜明的高质量教材体系。

1. 国际化创新型外语人才的定义

随着我国融入国际社会、参与国际事务的进程加快，国家对外语专业水平高、文化知识素养高、具有国际视野、通晓国际规则、能够参与国际事务和竞争的国际化创新型外语人才的需求越来越迫切。国际化创新型外语人才应具备以下特征：（1）有良好的语言基本功。这是外语专业人才首要的业务素质，没有扎实的语言基本功，国际化也就成了空中楼阁。（2）有完整、合理

1 本文原载《外语界》2013 年第 5 期，45—50 页。作者为庄智象、韩天霖、谢宇、孙玉、严凯、刘华初。

的专业知识结构。这要求外语专业人才具有全面的知识结构，通晓国际惯例，熟悉、掌握相关领域的专业知识。（3）有创新思维能力和分析解决问题的能力。外语专业人才的创新型特征更多地表现为批判性思维能力以及在学习、生活和工作中独立思考、分析和解决问题的能力。（4）具有国际视野，通晓国际规则，能够参与国际事务和国际竞争。这要求外语专业人才具有较强的跨文化沟通能力。当然，在经受多元文化冲击时，外语专业人才还需具备较高的政治思想素质和健康的心理素质，以正确、妥当地应对和处理各种情况（庄智象等 2011）。

从上述特征来看，国际化创新型外语人才培养与以往的外语人才培养在目标、要求等方面都明显不同，尤其是对知识、技能、综合素质的要求都较以往更高，且国际化与创新型素质培养的特色更突出。这些特征都应在课程体系中体现，在教材体系中落实。

2. 国际化创新型外语人才培养中教材建设的重要性

教材建设是教学中一个不可或缺的重要环节。不少国际著名教学专家（如 Swales, Hutchinson & Torres, Gray）都从不同角度肯定了教材的作用，认为教材服务于一定的教学目的，不仅为教学提供较系统的课堂教学安排，而且提供较好的语言输入，既有助于解决教师自身水平不一的问题，又能使教学质量得到统一保障（转引自冯辉，张雪梅 2009）。我国外语教学的一些指导性文件，如《高等学校英语专业英语教学大纲》《义务教育英语课程标准》等都指出了教材建设的重要性，并对教材的编写、选择、使用提出了指导性建议。

教材在教学改革与创新型人才培养中的重要性也经常被研究者与学者提及。例如，上海外国语大学的张慧芬教授就指出，教材建设是外语教学改革的重要环节，教材的改革将带来教学方法的改变。优秀的教材是教育思想、目标、内容和方法的体现（转引自戴炜栋等 2002：28）。教材在其他与教学相关的领域也发挥着重要作用。比如，清华大学的段远源、冯婉玲认为，教材建设在研究型大学建设中具有重要意义，高水平、高质量的教材可以引导和支持教师的研究型教学，也可以引导学生积极探索和学习（段远源，冯婉玲 2008）。

　　培养国际化创新型外语人才，要进行相应的课程体系改革与创新，课程体系改革将促使支撑课程体系的教材体系发生重构。因此，培养国际化创新型人才必须构建相应的课程资源体系及其核心——教材体系。本文提出构建从中小学到大学的国际化创新型外语人才培养"一条龙"教材体系，重点阐述其与以往教材的不同之处，特别强调其在结构、特色、质量等方面的提升。

3. 国际化创新型外语人才培养中小学阶段教材体系构建

　　中小学阶段属于基础教育阶段，具有这一阶段的基础性、循序渐进等共同特征。国际化创新型外语人才"一条龙"培养的中小学阶段也是如此，还应体现国际化创新型外语人才培养的要求，在培养目标、课程与教材建设、教材编写出版形式方面体现鲜明特色。

3.1　培养目标

　　当前指导我国中小学英语教学的文件是《义务教育英语课程标准》。这一标准针对中小学英语教材的编写制定了指导性原则，提出了一系列具体要求。培养国际化创新型人才的中小学阶段教材一方面应该遵循《义务教育英语课程标准》中大量合理的原则，另一方面又应该体现自身特色，以实现如下学生能力培养目标：（1）学生在中学毕业时具备良好的外语能力，能够在进入大学后快速适应，使用外语进行专业课程学习；（2）学生具有开放、包容的态度，具有良好的跨文化交际能力与国际意识、国际视野；（3）学生具有较强的自主学习能力、创新思维能力与良好的分析、解决问题的能力（庄智象等 2012b）。因此，培养国际化创新型人才的中小学英语教材涵盖的语言技能水平应比《义务教育英语课程标准》高，具体可参考借鉴《大学英语课程教学要求》的较高要求、《高等学校英语专业英语教学大纲》的基础阶段要求等，并注重对学生思辨能力、跨文化交际能力、创新意识的培养及国际视野的拓展。

3.2 课程与教材建设

培养国际化创新型外语人才的中小学课程体系既要在课程设置、学时分配等方面体现对外语人才培养的侧重，又要积极调用课内外教学资源，全方位培养学生的相关知识与技能。根据人才培养特色和课程教学实际，教材体系可分为不同的子系列及其具体品种。主干教材可根据《义务教育英语课程标准》的语言技能、语言知识、情感态度、学习策略、文化意识五维目标编制，在语言技能、语言知识方面明确提出更高要求，在情感态度、学习策略、文化意识方面也根据国际化人才培养的需要突出特色。各系列、各品种教材要充分反映国际化人才培养的特色。为了给学生提供自主选择和自我发展的机会，《全日制义务教育 普通高级中学 英语课程标准（实验稿）》就已倡导、鼓励在高中阶段开设一系列"任意选修课"（教育部 2003）。作为高规格培养模式，国际化创新型人才培养要求在各个学段都开设选修课，课程应具有鲜明的国际化、创新型等特点。例如，可以开设英语以外的其他外语、英语演讲与辩论、外国影视欣赏、西方文明史、国际市场等课程。从语言知识与技能发展、素质培养到专业知识预备等各级各类课程都可以根据实际需要开设，进行相应教材建设后开展教学活动。

此外，各类显性与隐性课程、各种课外活动也是课程体系的有机组成部分。目前，除了部分中小学已经开展的英语周、国际文化节、姐妹学校互访、国际游学、模拟联合国等活动，培养国际化创新型外语人才的课程体系还可以增加特色课程、社团活动、国际化活动等。同时，可将上述课程与课外活动具有共性的部分编写成特色教材进行推广，进一步完善具有基础性、整体性和多样性的中小学特色课程体系和教材建设。

3.3 教材编写出版形式

培养国际化创新型外语人才的中小学英语教材的编写出版是一项系统工程，需要整合运用国内外资源来实施推进。首先，在主干教材的编写方面，可以考虑采取国际合作模式，发挥国内外专家、出版社各自的优势，成立专门的编制团队甚至机构来保障主干教材的有序、有效开发与编制。其次，在各种非主干教材开发方面，可采用更灵活的方式，既可以采用国际合作模式开发新教材，也可以利用国外现有的、质量好、有特色、受欢迎的教材，还可以鼓励国内专家、具有国际化人才培养经验的一线教师开发和编写教材，在试用成功后进一步推广。

国际化创新型外语人才培养中小学英语教材体系不仅应包括传统的纸质教材，还应包括立体化、动态化的配套教材。在过去的十多年里，我国中小学英语教材立体化开发已积累了不少经验，多媒体课件、学习网站等在英语教学中得到了一定程度的应用。国际化创新型外语人才培养中小学英语教材体系构建更应符合数字化、信息化这一教材编写、出版、使用的国际潮流，实现现代信息技术与英语教学的有机结合。具体而言，除纸质教材之外，还应开发配套多媒体课件、助学光盘或网络系统，建立教学互动网站、网络社区等，并开发整合视频课程，建设网络资源库。当前，国内各地教育部门正在积极试验各种新型教学硬件与环境，如上海正在开发电子书包项目等。培养国际化创新型外语人才的教材也可充分利用最新教学成果，增进师生、生生在教学中的交流互动，促进学生学习的个性化与自主性。

近年来，网络上可用于人才培养的教学资源已颇为丰富，如国内外名校在网上公开的课程、各类专业网站提供的资源与服务等。在培养国际化创新型人才的课程设置和教材建设中，可以开设有针对性的相关课程和编制相应教材，帮助学生了解这些资源，并培养其甄别、选择、运用资源的能力，使这些资源真正成为针对性强、有效性高的学习材料。

4. 国际化创新型外语人才培养大学阶段教材体系构建

大学阶段是国际化创新型外语人才培养的关键阶段。与基础性的中小学阶段不同，大学阶段是国际化创新型外语人才特质的塑造时期。在这一阶段，课程与教学完全按照国际化创新型外语人才培养的要求来设置，在培养目标、课程与教材建设、教材编写出版形式等方面形成创新特色。

4.1　培养目标

现行《高等学校英语专业英语教学大纲》将英语专业课程细分为专业技能、专业知识和相关专业知识三种类型。专业技能课程指综合训练课程和各种英语技能的单项训练课程，如基础英语、听力、口语等；专业知识课程指英语语言、文学、文化方面的课程；相关专业知识课程指与英语专业有关的其他专业知识课程，如外交、经贸、法律等。大纲强调一、二年级基础阶段的主要教学任务是传授英语基础知识，培养学生实际运用语言的能力，为进入高年级打下扎实的专业基础。三、四年级高年级阶段除继续打好语言基本功外，还要学习英语专业知识和相关专业知识，进一步扩大知识面，增强对文化差异的敏感性，提高综合运用英语进行交际的能力（高等学校外语专业教学指导委员会英语组 2000）。

对整个国际化创新型外语人才培养体系而言，如果在大学阶段实施现行英语专业教学大纲的任务、目标和要求，是远远不能满足人才培养需求的。我们先前已经指出，在国际化创新型人才培养体系中，英语专业本科阶段教学大纲提出的一、二年级基础阶段教学目标应该下移到中学阶段，即学生在高中毕业时便需打下扎实的语言基本功，初步具备国际视野、跨文化沟通能力和创新能力。这样，在大学阶段，学生能够继续发展在中学阶段已经获得的各种能力，教师能够提升和完善培养目标，并根据学生的特点和兴趣着重发展他们某一领域的专业知识与能力，从而实现大学阶段与中学阶段的有效衔接，使人才培养"一条龙"体系发挥功效。

作为人文学科，外语专业的国际化创新型人才培养的主要目标是培养某一学科专业的拔尖、领军人才，专业领域可以是外交、文学（英语创作）、新闻、高级翻译（特别是汉译外）、跨文化交际等。这类人才能够在国际平台上参与学术、文化交流，发出中国的声音，进而成为某一学科专业的国际领军人才。

4.2　课程与教材建设

4.2.1　"语言中心"模式——学术技能培养

在中学毕业时已打下扎实英语语言基本功的学生，进入大学之后基本具备了将英语作为工具学习学科专业的能力。对他们的培养，除了在课程设置上加大写、译课程的比例，还应将更多的精力放在专业知识课程教学上，以拓宽其知识面，培养其独立思考与分析、解决问题的能力。由此，我们认为在培养国际化创新型人才的课程体系中，大学阶段应缩减现有英语专业教学大纲中的技能课程。当然，缩减并非摈弃，而是优化技能课程的质量和要求。我们建议在技能课程教学阶段实施"语言中心"（language center）课程模式，为学生提供短期强化类学术英语听、说、读、写等技能训练课程。学生可以根据自己的实际情况选择课程，通过提升专业技能夯实基本功，为进入专业学习打下基础。

"语言中心"的课程与教材在设计上可以借鉴国外高校语言课教学要求，把重点放在学生学术能力提升上，培养学生有效进行高层次学术活动的能力，可主要开发以下教材品种。

其一，学术英语听力。课程目标是使学生听懂学术讲座、大型学术会议和活动的发言，具备边听边记笔记的能力。配套教材的语料可主要选自各类学术活动的听力内容，可覆盖语言学、商务、市场、心理、经济等领域。学术英语听力教学不同于中学阶段以日常生活为主要内容的听力教学，要求语料真实，内容长度增加，对教学活动设计、学术词汇选择、讲座模式等方面的要求逐渐向培养学生的高端学术活动能力过渡。

其二，学术英语口语。课程目标为培养学生参与学术活动并有效表达的能力。教材内容主题较为宽泛，可涉及健康、环境、媒体、网络等；教学活动设计注重培养学生参与学术讨论、发表观点并从不同角度论证、支持自己观点的能力。

其三，学术英语阅读。课程目标是培养学生在从事学术活动时高效查阅各类资料，并对海量信息进行整理、归纳、总结的能力。教材设计注重发展学生的阅读策略，使学生熟悉学术文章结构，培养学生对文本进行分析和批判性思考的能力，尤其要培养他们针对各类学术项目开展学术调研、收集信息并形成观点的能力。

其四，学术英语写作。课程目标为提高学生从事学术活动所需的写作能力。教材设计注重培养学生的语言技能、阅读学术语篇的能力和批判性思维能力，强调以书面语表达观点能力的培养。

"语言中心"还可以设置语音课程，针对学生的英语发音进行正音训练。准确地道的发音不仅能够提高学生的听力水平，而且有助于学生记忆和联想学术文章中的单词，清晰地阐述自己的观点，顺利开展各类国际性学术交流活动。

当然，仅仅依靠"语言中心"提供的课程来提高各种能力是远远不够的，学生还需利用大量课余时间，通过网上查阅、课外实践等多种渠道进行学习。因此，"语言中心"还应涵盖阅读中心、模拟现场等功能，为培养国际化创新型人才构建完整的学习体系。

4.2.2 人才培养方向——专业知识学习

学生完成"语言中心"学习之后，应根据各自的特点和专业发展需要，进行专业分科学习。英语学科的国际化人才培养方向大体可分为以下几类：对外交往（外事、外交、同声传译等），文学（文学翻译、创作等），学术研究（语言学、文学、跨文化研究等），新闻传媒（国际媒体采编等）。

针对对外交往方向的学生，应提供较多的外交事务与国际政治、经济、文化等方面的专业课程，配以大量实践活动，使他们熟悉国际规则，了解国际交往运作的规律，为今后参与国际竞争和国际活动打下基础。教材不仅要包含理论和案例方面的纸质材料，还要有多媒体化的模拟课程资源。

文学方向的学生应学习世界各国文学、历史，阅读大量文学作品，增强中英文语言转换能力和文学写作能力。这一方向学生的努力目标是成为英文作家或翻译家，能用英语直接进行文学创作，把国内作品译成外文，扩大中国文化的影响力，或者把国外的文学、文化介绍给国人。实现这一培养目标的教材以引进类教材为主，文学史、文学选读、世界历史、英文读写、创意写作等课程的教材都可以选择引进。

针对学术研究方向的学生，应注重培养其学术能力、研究能力和创新能力。该方向的课程以专业理论学习为主，教材以引进类专业教材和学术专著为主。除日常学习之外，学生还要多参与学术会议，了解国际学术发展动态和前沿信息，不断创新，持续积累，构建自身的学术知识体系，进而提升我国在各个学术研究领域的综合水平。

新闻传媒方向是国际化创新型人才培养的一个重要领域，学生毕业后将担负起塑造、传播中国形象的重任。在教学中可开设新闻知识、理论和实践课程，以提高学生的新闻专业水平和写作能力。该方向的教材可以引进，也可以原创，但必须体现立体化学习过程的特点，特别要注意新闻体裁的多样性和新闻内容的时效性，开展多种新闻传媒实践活动来完善课程设置。

4.2.3　人文素养提升——通识课程建设

国际化创新型人才培养还需注重学生人文素养的提升。除开设专业知识课以外，还应设置大量的人文通识课程以扩大学生的知识面，增强他们分析问题和解决问题的能力。这些课程及其教材应广泛涉及经济、政治、理、工、农、医等学科领域，使学生构建更广博的知识空间。

综上所述，构建培养国际化创新型外语人才的课程体系应该强化英语技能课程，增加专业知识课程，开设人文通识课程，致力于实施人文教育。课程体系建设的具体目标是建立以对外交往、文学创作、学术研究和新闻传媒方向为主体，以学科教育而不是技能训练为导向，能够丰富学生的学科专业知识，提高学生的学习能力、思辨能力、创新能力和研究能力的课程体系。所有课程的教材都应围绕这一课程体系建设目标来开发和编写。

4.3　教材编写出版形式

在开发国际化创新型外语人才培养在大学阶段所需的教材时，可以邀请国内兼具专业知识和语言能力的专家担纲编写，也可以引进大量国外优秀教材。同时，在多媒体、数字技术迅猛发展的时代，为培养国际化创新型外语人才所配置的教材不能仅仅停留于纸质形式，应采取纸质教材与多媒体数字资源结合使用的方式，并且强调课内与课外教学资源的结合，为学生的发展提供更多实践、学习机会。因此，此处所指的教材其实只是国际化创新型外语人才培养所需的教学资源的一部分。这部分教学材料聚焦于理论、知识和常用技能，其他教学材料则聚焦于课外学习与实践。

5. 结语

本文探究了在国际化创新型外语人才培养中构建特色鲜明的高质量教材体系的路径。文章主要从培养目标、课程与教材建设、教材编写与出版形式等方面分别讨论了中小学阶段、大学阶段的教材如何体现自身特色，如何保障高质量的教学，希望能对这一领域的工作起到推动作用。当然，关于国际化创新型外语人才培养的教材体系建设这一探索性工作，仍有大量问题需要继续深入研究和解决，从而使教材体系建设在汲取以往经验的基础上走出一条崭新的道路，取得丰硕的成果。

参考文献

- 戴炜栋，蔡伟良，张慧芬. 对外语教学"一条龙"改革的思考——专家访谈摘录 [J]. 外语界，2002（1）:26-31，46.

- 段远源，冯婉玲. 研究型大学教材建设相关问题思考 [J]. 中国大学教学，2008（12）:80-83.

- 冯辉，张雪梅. 英语专业教材建设的回顾与分析 [J]. 外语界，2009（6）63-69.

- 高等学校外语专业教学指导委员会英语组. 高等学校英语专业英语教学大纲 [Z]. 上海：上海外语教育出版社，2000.

- 教育部. 普通高中英语课程标准（实验）[Z]. 北京：人民教育出版社，2003.

- 庄智象等. 关于国际化创新型外语人才培养的思考 [J]. 外语界，2011(6):71-78.

- 庄智象等. 试论国际化创新型外语人才的培养 [J]. 外语界，2012a（2）:41-48.

- 庄智象等. 国际化创新型外语人才培养的思考——教学大纲、课程体系、教学方法与手段 [J]. 外语界，2012b（4）:61-67.

- 庄智象等. 探索适应国际化创新型外语人才培养的教学管理模式 [J]. 外语界，2012c（5）:68-72.

四 关于英语专业本科生教材建设
的一点思考[1]

随着我国经济、社会迅速发展，国际交往日益频繁，各行各业对高层次的、能够参与国际竞争的创新外语人才的需求日益迫切。如何更快更好地培养出一大批高素质、高层次的外语人才，更好地为我国的改革开放、经济建设和社会发展服务，已成为全国外语界和有关政府部门十分关注的课题。造就高素质的外语人才离不开一支高水准的、有敬业和奉献精神的师资队伍，同时必须有能够满足当前和今后人才培养需要的教材。也就是说，能否培养出优秀的外语人才，与是否拥有一流生源、优秀的师资队伍和优质的教材密切相关。本文拟就我国英语专业本科生教材的建设谈一点个人的看法，以求教于广大英语教师和英语科研及出版工作者。

1. 英语专业本科生教材编写出版的历史与现状

中华人民共和国成立后，党和政府十分关心和重视高校外语教材的建设工作。在专业外语教材编委会的领导下，各语种的统编教材相继问世，各外语院系还根据自己的特点自编了不少教材。据不完全统计，我国已出版高校外语教材近千种，有力地支持和促进了外语教材的建设和教学水平的提高。其中，20

1 本文原载《外语界》2005 年第 3 期，2—6 页，18 页。

世纪 50 年代编写出版的英语专业本科生教材有《大学英语课本》（陈琳、杨树勋、王光宗等编）。60 年代编写出版的有《英语》（1~4 册，许国璋主编），《英语》（5~6 册，俞大絪主编），《英语》（7~8 册，徐燕谋主编），《英语语法手册》（薄冰、赵德鑫等编），《实用英语语法》（张道真编），等等。70 年代，外语教材建设因"文革"受到了很大的干扰和破坏，几乎没有编写出版成套的英语专业本科生教材。80 年代编写出版的有《新编英语教程》（1~4 册，上海外国语学院李观仪主编），《交际英语教程·核心课程》（1~4 册，广州外国语学院李筱菊主编），《功能英语教程》（1~3 册，黑龙江大学英语系编），《大学英语教程》（1~4 册，北京外国语学院胡文仲等编著），《英语（理科适用）》（1~4 册，北京大学西语系公共英语教研室编），《基础英语》（山东大学吴富恒、张健主编），《高级英语》（1~2 册，北京外国语学院张汉熙主编）。还编写出版了几十种英语语言知识、文学和文化方面的教材，如《英语语法纲要》（南京大学吕天石编著），《新编英语语法（上、下）》（上海外国语学院章振邦主编），《美国英语应用语音学》（广州外国语学院桂灿昆编著），《英语语音学引论》（四川大学周考成编著），《简明英语语言学教程》（上海外国语学院戴炜栋等编著），《现代英语词汇学》（复旦大学陆国强编著），《英语词汇学引论》（武汉大学林承璋编著），《实用英语词汇学》（大连外国语学院汪榕培、上海外国语学院李冬编著），《英语听力入门》（华东师范大学张民伦等编），《英语应用文——附应用文文体简介》（上海外国语学院钱维藩著），《英国文学史》（1~4 册）、《英国文学作品选读》（1~3 册）、（均由南京大学陈嘉编），《英国文学史》（五卷本，北京外国语学院王佐良著），《英国文学选读》（1~3 册，复旦大学杨岂深、孙铢主编），《现代英国小说史》（上海外国语学院侯维瑞主编），《英美文学选读》（南京师范大学桂扬清、吴翔林编注），《美国二十世纪小说选读》（华东师范大学万培德主编），《当代美国文学——概述及作品选读》（上、中、下册）、《英国短篇小说选读》《美国短篇小说选读》（均由上海外国语学院秦小孟主编），《心理语言学》《语言学概论》（广州外国语学院桂诗春主编），《语言问题探索》（中山大学王宗炎编著），《英语文体学引论》（北京外国语学院王佐良、丁往道主编），《英语文体学入门》（华中师范大学秦秀白编著），《英语文化读本》（北京外国语学院许国璋主编），《英汉翻译教程》（解放军外国语学院张培基等编著），《汉英翻译教程》（西安外国语学院吕瑞昌等编著），等等。这些教材的编写出版极大地推动了英语专业的教材建设，推动了学科的发展，繁荣了学术研究，培养了师资队伍。可以说，这一时期的教材建设，既缓解了"文革"后一度出现的英语教材短缺与需求旺盛之间的矛盾，又推出了一大批学术成果和一大批人才，有力地促进了英语教学和科研水平的提高。有相当一部分的教材经久不衰，至今仍被众多外语院系广泛使用。

进入 90 年代后，教材建设又进入了一个新的发展时期，有些英语主干教材进行了修订，有些教材在原有基础上不断完善，配套更齐全，同时，一批语言学和应用语言学方面的教材编写出版，如《新编英语教程》（5~8 册，上海外国语学院李观仪主编），《高等学校教材：英语》（1~4 册，上海师范大学黄次栋主编），《高等学校教材：ENGLISH BOOK》（1~8 册，黄源深、杨祖辉主编），《英语泛读教程》（1~4 册，解放军外国语学院曾肯干主编），《新编英语泛读教程》（1~4 册，南京大学王守仁、陈陆鹰主编），《新编英语口语教程》（1~4 册，南京大学王守仁、何宁主编），《现代大学英语精读》（1~4 册，北京外国语大学杨立民主编），《大学英语教程》（1~2 册，北京外国语学院胡文仲主编），《英语史》（北京大学李赋宁编著），《欧洲文化入门》（北京外国语学院王佐良等主编），《英国文学史及选读》（河北师范大学吴伟仁主编），《英美现代文论选》（四川大学朱通伯编），《英美文学工具书指南》（北京外国语学院钱青编著），《汉译英口译教程》（北京外国语学院吴冰主编），等等。这一阶段既编写出版了英语主干教材，也随着英语学科建设的发展，扩展了教材编写的范围，增加了不少语言学和文学方面的选题，并注意配套齐全，主干教材一般都配有教师用书等。此外，随着对外交往日益频繁，这一时期引进了不少教材，作为自编教材的补充。同时，大批留学人员学成归来，将一些新理论引入了我国的英语教学，并编写出版了认知语言学、语用学、语义学、社会语言学、应用语言学、国情学、语言学习理论、修辞学、语法学、学术论文写作、文化交际学、测试学、生成语法、功能语法、翻译学等方面的教材，加快了英语学科建设的步伐，拓宽了教师的视野，进一步推动了英语学科的教材建设和学科发展。

2. 新形势对英语专业本科生教材建设提出了新的要求

进入 21 世纪以后，我国的社会主义建设日新月异，申奥、申博的成功，"聚精会神搞建设，一心一意谋发展"方针的制定，更是强劲地推动了我国经济和社会各项事业的迅猛发展，同时也给英语学科的发展和教材建设带来了前所未有的大好机遇和严峻的挑战。我国经济和社会各项事业迅速发展，尤其是对外交往日益频繁，我国在国际事务中的影响力日益增强，在国际事务中的地位不断提升，社会各界对高层次、高素质的英语人才的需求不断高涨，为英语学科和教材建设带来了良好的机遇。然而，英语专业现有的课程设置、师资队伍、教材内容和表现手段等能否满足这种高要求的人才规格培养形势的需要？我们暂且不谈课程设置是否会按社会需求的变化而变化，或师资队伍是否能够满足教学要求，仅就教材的内容、种类和形式而言，社会对英语人才培养规格要求的变化也必然会带来教材内容和形式的变化。尤其是从 21 世纪开始，有条件的小学都纷纷开设英语课；新的中学英语课程标准的颁布，对中学英语教学提出了新的要求；大学英语教学改革快速发展，新的《大学英语课程教学要求》制定并颁布；英语教学要求和水平的全面提升，对英语专业又提出了强劲的挑战。英语专业学科的建设和更新、教材内容的改革和提升已迫在眉睫。综观我国英语专业的教材建设，中华人民共和国成立 50 多年来应该说已取得了举世瞩目的成绩，但又不可避免地受到了时代的限制。以往的英语教材可以说"既多又少"：一般性的、质量平平的教材多，高质量的精品少。在英语主干课程方面，各外语院校和综合性大学几乎都有自编的英语精读课教材或英语综合课教材。各校自编教材的优点是：因地制宜，个性比较突出，适合本校的特点和教学要求，且教材多样化，有利于百家争鸣、百花齐放。缺点是：编写力量分散，群体的优势未能发挥，学术优势不明显，定位不高，容易导致低水平的重复。各校采用各自编写的教材，可能导致教学理论、教学方法、教学经验方面的交流甚少，对教材的评论相应缺乏，不甚有利于教材编写水平和教学质量的提高，同时容易造成教学资源的浪费。以往英语教材的编写注重语言知识面的传授和语言技能的训练，从已经出版的英语主干教材看，基本上都体现了循序渐进、能反映语言基本体系和语言共核、可帮助学生打下扎实的语言基本功等特点。中华人民共和国成立后，英语专业本科生教材建设取得了卓越的成就，为我国社会主义建设和对外交流工作的顺利开展培养了一大批杰出的外语外事人才，为民族的振兴、强盛做出了积极的贡献。以往的英语专业本科生教材突出了语言知识的传授，强调了语言技能的训练，这在当时是有必要的，不然，很难想象怎样在比较短的时间内要求学生比较好地掌握英语的语言基本体系和语言共核。在以后的教材编写中，我们仍然必须十分重视语言知识、语言技能的传授和训练，并使其占据主要的位置，但是在以往的英语教材的编写中，我们似乎对人文科学和文化重视不够。在教材内容中，这方面的含量不足也是导致外语专业的学生知识面不甚宽广的一个原因。一般外语专业的毕业生，语音语调都很好，语法和词汇的使用都很准确，在一般性话题的讨论中尚可进行交流，但稍谈深一点或涉及某一个专业领域就可能无话可说。这可能是以往的教学太注意语言知识的传授和语言技能训练，而对文化知识、人文科学不够重视所致。语言毕竟是载体、外壳，思想、内容才是它的被载体。如果没有被载的内容，载体就会显得十分苍白无力。面对新的形势、新的任务、新的需求，英语专业本科生教材如何突出专业特点？关键是要能够帮助学生既打下扎实的语言功底，熟练地掌握语言技能，又通晓一定的人文科学，具备较广博的文化知识。因此，当务之急是编写一套适合中国人学习英语所需要的，教学理念正确、方法科学、手段现代的立体化的英语教材，以满足培养成千上万能够参与国际竞争的高素质的英语创新人才这一英语教学需求，为我国快速、稳定、可持续发展做出积极的贡献。

3. "新世纪高等院校英语专业本科生系列教材"的特点

《高等学校英语专业英语教学大纲》（以下简称《大纲》，高等学校外语专业教学指导委员会英语组 2000）指出，高等学校英语专业培养具有扎实的英语语言基础和广博的文化知识并能熟练地运用英语在外事、教育、经贸、文化、科技、军事等部门从事翻译、教学、管理、研究等工作的复合型英语人才。在谈到英语专业人才的培养目标和规格时，《大纲》指出，这些人才应具有扎实的基本功、宽广的知识面、一定的相关专业知识、较强的能力和较高的素质。也就是要在打好扎实的英语语言基本功和牢固掌握英语专业知识的前提下，拓宽人文学科知识面和科技知识面，掌握与毕业后所从事的工作有关的专业基础知识，注重培养获取知识的能力、独立思考的能力和创新的能力，提高思想道德素质、文化素质和心理素质。《大纲》同时又对英语专业课程进行了描述，指出英语专业课程分为英语专业技能、英语专业知识和相关专业知识三种类型，一般均应以英语为教学语言。三种课程如下：

英语专业技能课程：指综合训练课程和各种英语技能的单项训练课程，如基础英语、听力、口语、阅读、写作、口译、笔译等课程；

英语专业知识课程：指英语语言、文学、文化方面的课程，如英语语音学、英语词汇学、英语语法学、英语文体学、英美文学、英美社会与文化、西方文学等课程；

相关专业知识课程：指与英语专业有关联的其他专业知识课程，即有关外交、经贸、法律、管理、新闻、教育、科技、文化、军事等方面的专业知识课程。

《大纲》对英语专业人才的培养规格和课程设置进行了详细的界定和描述，对学科建设、教材编写、人才培养等提出了明确的目标，具有很强的科学性、针对性和前瞻性。《大纲》于 2000 年 5 月由上海外语教育出版社和外语教学与研究出版社联合出版。为了适应英语专业本科生教学的发展需要，满足英语专业人才培养对教材的新要求，上海外语教育出版社根据《大纲》提出的21 世纪英语专业人才的培养规格、课程设置、教学要求、教学原则、教学方法和教学手段、测试与评估要求，及时组织全国一流高校英语专家编写"新世纪高等院校英语专业本科生系列教材"，由全国高等学校外语专业教学指导委员会主任委员、上海外国语大学校长戴炜栋教授任总主编。该系列教材已被教育部列入普通高等教育"十五"国家级规划教材。从这套系列教材的策划设计和已出版的数十个品种来看，这套教材主要有以下几个显著的特点：

3.1 理念正确、新颖

根据 2000 年 5 月出版的《大纲》的要求，以及我国在 21 世纪全面参与经济、科技、贸易、金融等各领域的国际竞争对英语人才培养提出的更高要求，应培养思维科学、心理健康、知识面广博、综合能力强、能娴熟运用英语的高素质创新人才。将英语教学定位于英语教育，不是进行单纯的英语语言培训或技能训练，而是要以英语为主体，全面培养高素质的复合型人才，将教材的设计与编写紧紧扣住人才培养规格，并前瞻性地考虑到 21 世纪初我国经济和社会发展，我国申奥、申博的成功，以及国际交往日益频繁所带来的人才需求的变化。

3.2 融语言知识、技能、文化、人文科学于一体

整套教材由语言知识、语言技能、语言学与文学、文化知识、人文科学、测试与教学法等板块组成，总数将超过 150 种，几乎涵盖了当前我国高校英语专业开设的全部课程。复合型人才培养类教材（英语加专业）将另外组织编写。改变了以往英语专业本科生教材"语言知识 + 语言技能"的编写体系。整套教材除了充分突出英语在我国是外语而不是第二语言的国情，着重帮助学生打好扎实的语音、语法、词汇和听说读写译基本功，还十分强调文化知识和人文科学的熏陶作用，着力培养学生分析问题、解决问题的能力，提高学生的人文科学素养和思辨能力，培养学生健康向上的人生观，使学生真正成为我国 21 世纪所需要的英语专业人才。在文化知识板块中，专门编写了涉及中国优秀传统文化的教材，改变了以往英语专业学生对所学语言国家的了解甚于对自己国家状况的了解这一情况，使学生在对外交往中或在工作中既汲取英语国家优秀的文化和科技，亦能有效地将自己民族的优秀文化介绍给别人。

3.3 体系完备，内容新颖

整套教材从英语专业人才培养规格出发，充分注意到未来英语专业人才应有的素质，将英语教学作为英语教育来观照，教材的整体设计和编写着眼于培

养高素质、复合型人才这一目标。从扎实的语言功底、熟练的英语应用技能、广博的文化知识，到熟悉的人文科学和一两门专业基础知识，这套教材几乎涵盖了当前英语专业本科教学开设的所有课程，为英语专业教师选用教材提供了一份菜单，供其依据实际需要而选择。教材编写深入浅出，既体现了每个学科稳定的基本体系和共核，又反映了各个学科的最新研究成果。编写体例采用最新的国家标准，力求科学、完备、严谨。

3.4　教学方法先进，合乎国情

整套教材（尤其是语言知识和语言技能板块的教材）的编写尽可能采用国际先进的教学理念和方法，但不是一味追求新、奇、特，而是充分考虑中国学生学习英语的特点，将我国成功的教学经验和方法融入教材。不是以一种教学理论和方法贯彻始终，而是根据每一研究领域的特点、每一阶段的任务，综合各家长处，兼收并蓄，采用综合教学法，强调对学生英语综合应用能力的培养和听说能力的训练，使学生具备较强的交际能力，打下扎实的语言基本功。

3.5　教学手段先进

整套教材一改传统英语教材的编写方法，除英语课本、练习册、教师用书外，还配有多媒体教学光盘。为了方便教与学，分别研制了助学、助教光盘，填补了以往英语专业本科生教材仅有纸质媒介而无电子媒介的空白。在条件成熟时，还将研制网络版教材（包括局域网版和互联网版），使英语专业本科生教学超越时空的限制，为实现英语教学资源优化配置和利用开创先河。

3.6　强强联合，编写阵容强大，学术优势明显

整套教材由全国近 30 所主要外语院校和教育部重点大学英语院系的 50 多位英语教育专家组成编委会，其中多数是在各个领域颇有建树的专家，不少是高等学校外语专业教学指导委员会的委员。教材的作者均由编委会专家遴选，并在仔细审阅编写大纲和样稿后确定，总体上代表了我国英语教育的学术水准和最新研究成果及发展方向，充分发挥了群体学术优势、集体的智慧和力量，

从而从组织上、学术力量上保证了该套教材的质量，达到了我国一流英语专业本科生教材的水准，成为新世纪具有代表性的英语专业本科生教材中的精品。

以上就我国英语专业本科生教材建设的历史与现状、新世纪教材建设所面临的机遇与挑战、"新世纪高等院校英语专业本科生系列教材"的特点进行了一些阐述。为材料、信息、眼光所限，本文如有不妥之处，敬请读者批评、指教。

参考文献

- 戴炜栋. 新世纪高等院校英语专业本科生系列教材总序 [A]. 上海：上海外语教育出版社，2003.

- 付克. 中国外语教育史 [M]. 上海：上海外语教育出版社，1986.

- 高等学校外语专业教学指导委员会英语组. 高等学校英语专业英语教学大纲 [Z]. 上海：上海外语教育出版社，2000.

- 李良佑，张日昇，刘犁. 中国英语教学史 [M]. 上海：上海外语教育出版社，1988.

- 李良佑，刘犁（编）. 外语教育往事谈——教授们的回忆 [M]. 上海：上海外语教育出版社，1988.

- 群懿，李馨亭. 外语教育发展战略研究 [M]. 成都：四川教育出版社，1991.

- CUNNINGSWORTH A. Choosing your coursebook[M].Oxford: Macmillan Heineman English Language Teaching, 1995.

第二部分

教学

导　言

教学部分收录了笔者在不同时期外语教育教学研究方面的代表作。第一篇是关于一流学科建设需要深度融合发展的思考，提出了融合发展的几个方面，进行了深入思考。第二篇是笔者早年在翻译学科建设研究方面的论作，至今仍有现实意义。另外两篇则是笔者早期的学术研究作品。

《外国语言文学一流学科建设呼唤深度融合》指出，我国的外国语言文学研究领域存在着几种分离：工具性与人文性的分离，语言形式与内容的分离，语言学与文学的分离，外文与中文的分离，教学与科研的分离，理论与实践的分离，外语学刊与现实学术问题的分离。笔者在分析上述"分离"的基础上提出，建设一流学科，需要做好上述几个方面的深度融合。"融合"的观点和思路对于外国语言文学一流学科的建设和发展具有积极意义。

《我国英语专业教育的问题及对策思考》在简述我国外语教育主要成就的基础上，着重分析了当前英语专业教育中存在的突出问题，包括人才培养规格单一、课程体系支撑乏力、语言和专业融合型师资匮乏、教学资源不足、评估体系不够完善、有中国特色的研究欠缺等，并针对这些问题提出了5个对策和建议。

《翻译教学及其研究的现状与改革》发表于1992年，年代较早，但是本文对翻译教学在本体论层面上的论述并不过时。文章讨论了外语界对翻译课的认识、对翻译课程设置的看法、对当时教材的评价、教师的教学方法和学生的现状，这些因素至今仍是我们研究翻译教学应当关注的。文章还梳理了当时翻译教学研究的概况，并提出了改革建议和举措。文章发表后，引起了外语界的广泛关注，引发了热烈的反响。文章被各高校的文科学报、文摘转载并获上海外国语大学科研论文奖。

翻译作为一门专业、学科，于2006年首次被列入我国教育部专业目录并被批准招收本科生。《关于我国翻译专业建设的几点思考》对这件翻译专业建设中的大事、要事谈了几点认识和看法，指出设立翻译专业、翻译学科的必要性、重要性和现实意义。同时，指出既要看到专业与学科建设中的有利因素和条件，也要看到其中的问题和局限，对这些问题进行有针对性的探索和研究，无疑有利于翻译专业完整学科体系的建立、发展和完善。

五　外国语言文学一流学科建设呼唤深度融合[1]

1. 引言

2017 年 9 月底，教育部颁布了建设一流高校、一流学科的"双一流"建设方案，引起了社会各界的关注。外语院校没有进入一流高校建设行列，但有一流学科建设任务。如何建设一流外语学科？各高校，尤其是 6 所入列院校纷纷开展各种调研活动，召开各种研讨会、论坛、咨询会，建言献策，筹划和设计建设蓝图。各高校对标建设目标、任务和要求，对照时间节点，采取各种措施，摸清家底，弄清现状，寻找短板，探究对策，调整政策，建立机制，有效地调动了广大外语教师和科研人员的积极性、主动性和创造性，有力地促进了我国外国语言文学学科的建设与发展。时下召开的各类高峰论坛、研讨会便是其中一个重要举措。这些论坛、研讨会的特点是跨学科、跨专业、多学科、交叉学科，甚至跨界，这为我们的研究实现融合、创新发展开启了新的路径和视野。

要建设好一流学科，首先要弄明白，我们是在中国的高校建设一流学科，也就是说，我们要建设具有中国特色的世界一流学科，而不是复制一个牛津大学、剑桥大学、哈佛大学、普林斯顿大学或复制国外的某个学科。建设一流学

1　原载《外语教学理论与实践》2018 年第 4 期，1—6 页。作者为庄智象、陈刚。

科同样应该与其他研究一样，突出问题导向、紧盯学科前沿、坚持原创、对接国家战略，紧紧围绕中华民族伟大复兴的中国梦这一主题。

长期以来，我国的外国语言文学教学和研究领域存在着几种分离（或者说融合不够的现象）：工具性与人文性的分离，语言形式与内容的分离，语言学与文学的分离，外文与中文的分离，教学与科研的分离，理论与实践的分离，外语学刊与现实学术问题的分离。这些问题的存在，在很大程度上制约了杰出人才的培养，主要表现在：知识结构不完整或存在缺陷，各学科、专业过于独立和专门化。学理工的不理会人文社科，学语言学的不关心文学，学外语的不研究汉语，搞理论研究的不关注实践和应用。笔者认为，正是上述状况导致了"钱学森之问"。偏门专攻，导致缺乏跨专业、跨学科、跨领域、跨界的沟通合作，难以培养出杰出人才，难以造就大师，亦难以产出重大创新成果。久而久之，将会给学科建设、学术研究、人才培养带来不良后果。历史经验和现实都告诉我们，无论是在自然科学还是社会科学领域，众多突破性的发展都是通过跨学科、跨专业，甚至跨界的融合实现的。如：最新的量子通信，就是量子物理和信息技术结合而致；生物信息学，也是生命科学和计算机学科的深度融合而成。同样，"融合"的观点和思路对于外国语言文学一流学科的建设具有重要意义。

2. 一流学科建设亟须深度融合的几个方面

分离式、专门化或独立式的教学与研究，可以高效率、有效地培养专门人才、专家或者高级工匠，但难以培养出综合素质高、知识结构完整、综合能力强的一流人才和大师。同样，一流学科要培养出一流人才、一流学者和大师，必须进行多专业、多学科、多领域的深度融合。外国语言文学一流学科的建设亟须做好以下几个方面的融合：

2.1　工具性和人文性的融合

语言具有人文性和工具性双重属性。受到时代和需求的影响，在不同历史时期，因不同的需求，人文性和工具性交叉凸显，不同领域、不同学科、不同目的的语言使用者的侧重点很可能有所不同,很难绝对地区分工具性和人文性,客观地说,两者应该相互融合、兼而有之。改革开放以来,外语教学偏重语言的工具性,国门打开,各行各业对外交往激增,尤其是"文革"期间,我国的科学技术、教育、经济、社会发展等大大落后于发达国家,亟须缩小差距,迎头赶上。当时,众多院校,尤其是理工类院校,纷纷开设科技外语系,加紧培养科技翻译人才,培训科技研究人员阅读科技文献,将外语作为工具非常普遍。由于突出了外语的工具性,所开设的课程难以见到文学或文化类通识课程,这也是某个历史阶段的需求所致。后来强调"人文性"也是培养文学和综合性人才的需要,不足为怪。对语言学习不同方面的侧重,反映了社会发展不同阶段对语言技能的需求情况。但是,不论重视书面表达还是口头表达,就语言性质本身而言,工具性和人文性是一体两面的,是不可拆分的。即使在最基本的语言交流中,也包含着人文的因素。人文或者情感的交流也离不开语言工具性的承载。在新的历史时代,我们呼吁工具性与人文性更深度的融合,使外语学科和教学更具内涵,更丰富,边际更广阔,在工具性中承载人文性、彰显人文性,在人文性中承载工具性,体现或反映工具性,实现工具性。秦秀白(2009)反复强调,要坚持"工具性"和"人文性"的和谐统一,说的就是二者的深度融合。

目前,在外语教育领域,还存在着对工具性和人文性融合的认识不充分的倾向。将大学英语的教学目标定位于掌握语言技能,学会使用语言工具,这没有错。但任何事情,强调过头或片面强调都有可能走向歧途。在学习语言技能的时候,语言的词汇、语音、语法的构成和呈现必然有其人文性,必然包含着思想、情感和人文精神,呈现着文化、艺术等。若忽略这些,学生可能难以完全掌握语言,因为学生只学会了语言的外壳,即单词的符号、造句的规则等语言形式。这其实也反映了某些人对实和虚、现用和后用、有用和无用的关系的短视、片面的看法。蔡永良、王克非(2017)比较分析了中美外语教育理念的差异,建议中国的外语教育在"实用"和"功利"的价值取向上,借鉴美国外语教育的"人文素养"和"同化功能",相应增加人文要素。张中载(2003)也专门讨论了外语教育中的功用主义和人文主义,提出外国语教育强调"学以致用"尽管没有错,但是"学以致用"可以有两层意义,既可以是功用之用,也可以是王国维所说的"无用之用"，后者旨在"大用"，因为它涉及对人的素质和精神的培养。笔者以为，要用辩证的眼光来看实与虚、现用与后用、有用与无用。有些知识和技能，眼前看很实、很有用，但过不了多久可能就没用了；有些知识和技能，尤其是影响人的思维和人生态度的，眼前看似有点虚、无用或用不上，但长远看，可能终身受用。实即虚、虚即实，有用即无用、无用即有用，还是很有哲理的。

言之无文，行而不远。《英语类专业本科教学质量国家标准》将英语专业人才培养的总目标设定为具有高尚人文情怀的高层次人才（仲伟合 2015），要实现这个目标，在实践中必须做到工具性和人文性的深度融合，忽视或轻视任何一个方面，都不可能实现这样的人才培养目标。

2.2 语言形式与内容的融合

语言是由音、形、义结合构成的符号系统，语言与内容、语言与思维共依共存，思维或思想是语言的内核，语言是思维的外壳，语言是用来表达内容即文化知识或思想、思维的，语言只有承载丰富的思想和内容才能不断地丰富和发展。语言形式完整、语法正确、词形完整、措辞恰当、语言规范，只是具备了一个外壳而已，未必能承载丰富的内容或思想，如人的情感、文化信息、人生态度，以及正确的价值观、人生观和世界观（三观）。有的语言形式很完整，甚至很完美，但徒有其表。丰富的思想和内容，如果没有以相应的完美语言方式来呈现，如措辞不当，语法错误，形、义、声不完美，恐亦难以全面展现、传达和传播。浮于表面、过于注重语言知识和形式的技能训练，无法培养出具有深邃思想和思辨能力的学习者。没有丰富的思想内容、扎实的思辨基础，国际化、创新型人才的培养也就无从谈起。因此，我们呼唤语言与内容、语言与文化更深度的融合，使语言教学和研究更富有内涵，有更广阔的空间，具有更丰富的知识性、文化性和思想性。

在语言与内容的融合方面，人们提到较多的是许国璋（1997）先生的话，光学几句干巴巴的英文不行，不要总是把阅读的目的放在提高英文上，阅读首先是吸收知识，在吸收知识的过程中自然而然就吸收了语言。显然，许先生不仅谈到了语言和知识、语言和内容的关系，也谈到了学习外文和学习国学的关系。脱离内容，语言学习只能徒有其表、浮光掠影，只能见其表象，难见其实质，难以透过现象看本质，就难以理解和学习深刻而丰富的思想内核，更无法表达丰富的内涵和深刻的思想。没有内容支撑的语言学习，只是学习表象、形式、皮毛而已，亦是不可能丰富和深入的。这一点我们在后面也将谈到。

在英语专业领域，大连外国语大学英语学院开展了以内容为依托的教学改革（常俊跃 2015），在课程体系、课程资源、教学方法、科研水平和社会影响方面都取得了积极成果，是语言与内容融合发展的一次成功尝试，值得关注。

2.3 语言学与文学的融合

外国语言文学为一级学科，其名称已经将语言和文学从形态上连在了一起，不可分割。目前，在外国语言文学研究领域，存在着语言学和文学研究分离的状况。越来越多的高校教师，要么专攻语言学，要么专攻文学，甚至语言学和文学又细分出若干方向和领域，专攻语言学的往往对文学不感兴趣，而专攻文学的对语言学也不感兴趣。教师的偏科或偏爱也影响了研究生，读文学的不碰语言学，读语言学的基本不读文学作品。两个队伍各自为战，有井水不犯河水之势，更有甚者，彼此轻视或藐视，老死不相往来，人为地割裂了二者之间固有的内在联系。我们呼吁语言学与文学研究深度融合：语言学由高质量的文学作品和语言素材支撑和验证，使语言研究更丰富多彩、更有指导性和引领性，使人们对语言的认识更深刻、对语言规律的研究更深入；文学呈现和反映语言的特点和规律，支持语言学的深入发展，不断丰富语言的内涵和表达功能。

民国时期，大师云集，以"清华国学四大导师"为例，赵元任、梁启超、王国维、陈寅恪不仅兼通语言、文学，而且兼通多个学科。在语言学和文学的融合方面，外语界也不乏大家，例如季羡林、许国璋、桂诗春，都是这方面的楷模。钱佼汝（2017）教授在论述后现代主义文学时，开篇是从萨丕尔－沃尔夫假说这一语言学观点谈起的，文章从辨析语言和思维的关系入手，寥寥数语就把语言哲学的基本问题阐述得一清二楚——很多时候，与其说我们使用语言进行思维，不如说语言"思维"着我们。由此过渡到汉语和英语对于后现代主义这一概念的理解的差别，也就是说，汉语中的后现代主义没有复数形式，因此在理解上可能存在后现代主义只有单数意义的误解。在此基础上进一步阐述后现代主义的多样性，从语言学到文学研究，逐步推导出这样一个结论：要全面准确地理解后现代主义，需要从地域、年代等不同维度去把握。钱教授以文学、文论研究闻名学界，仅从这篇文章惊鸿一瞥，我们就可以看出他在语言学方面深厚的造诣。

唐洁仪、何安平在研究华南地区高校外语教育传统的文章中，专门谈到语言和文学之间的关系——"开放包容，保持文学、语言学、应用语言学等学科相互融合"（唐洁仪，何安平 2011：3）。改变语言和文学互不往来、各自为政、各自为战、各行其是的状况，加强语言学和文学的深度融合将使外国语言学和文学的研究获得更好、更大的发展并绽放异彩。

2.4　外文与中文的融合

我们呼唤外文和中文更深度的融合。两种语言和文化的比较打开了一扇新的窗户、一个新的视野，增加了一种新的思维方式，增强了不同语言和文化的比较意识，有利于增强语言文化的敏感性，尤其有利于中国文化走向世界，以适合西方读者接受习惯的方式讲好中国故事，让世界更好地理解中国。这是新时代赋予外语专业的新任务和新要求。

外文与中文的融合包括两个方面。一方面，我国中文系有汉语语言文学，外文系有外国语言文学，学科的划分有语言学与应用语言学和外国语言学与应用语言学，外文和中文在学科的设置上存在着自然的分离。实际上，语言学和应用语言学的基本原理和方法应该是相通的，具有相当多的共性，更不应以国内外来划分。另一方面，外文学习者对中文的重视程度不够，存在着分离的现象。

1）外国语言文学与汉语语言文学的融合

陈建平（2008：363）解释了为什么在国家颁布的学科目录里面产生了"外国语言学及应用语言学"这个名称，"也许由于中文与外语在学科传统和研究方法上各具特色，短期内无法相互趋同"，但是他也特别强调，"语言学及应用语言学作为一种科学研究应当是没有国界的"。就目前现实来看，学界两股力量仍然处在各自为战的状态，已有学者指出："中国作为一个大国，至今尚未建立统一的应用语言学协会，从事对外汉语教学的教师、学者和从事英语教学的教师、学者是两班人马、两个山头，属于不同的方面军，没能共同协作去研究后方法理论，此乃怪事，亟待解决。"（陈申 2016：17）此外，"国内语文教学界与外语教学界缺少沟通，母语教育与外语教育脱钩"（束定芳 1994：59），所有这些都是融合发展需要关注和解决的问题。

语言学不是外语界专有的研究领域，中文系也有大量学者在做研究，何况语言学原理具有一定的普遍性和普适性，而且，"在中文院系里新的一代语言学家们都具有了浏览外文资料的能力，也在努力打破汉语语言学和欧美语言学在理论上的隔阂"（褚孝泉 2012：225）。应当说，融合发展是有基础的，只是需要机会去推动和实施，一流学科建设也许就是一个好的契机。

2）外文与中文的融合

2014 年是中国外语高考改革年，起因竟然是中文和英文之间"水火不容"的矛盾。取消外语高考的声音一度甚嚣尘上，引起社会上认识的混乱。除了"外语暂时用不上、学了不用就会荒废"，"未来真正需要使用外语的人数不多"等说法，还有相当一部分人认为外语学习影响了母语学习，认为外语学习耗时太多，花的精力过多，挤占了母语学习的时间和空间，母语差是外语惹的祸。实际情况是，很多人汉语和英语水平都不高，但是起因不是英语学习妨碍了母语学习，而是中文本身没有学好，而中文学不好，英语也就好不到哪里去。从某种意义上讲，母语能力是外语能力的天花板（潘文国 2013）。陈冠商（1988：305）也曾说过，"读英文，也要读中文，中文不好而要提高英文，那是很困难的。"黄源深也同样强调了"双语"能力的重要性，"语言基本功包括英语语言基本功和中文基本功，对英语教师来说，两者都很重要。现实中，中文基本功常常被忽视，好像中文同英文根本不搭界。其实，对于英语学习者来说，中文不好不但殃及思维能力、表达能力和论文写作等，而且妨碍英文水平的提高。……可以这么说，如果中文水平不到一定程度，英文想往高层次发展相当困难，除非你是 native speaker"（转引自黄新炎 2016：80）。潘文国（2007：7）还指出，"20 世纪中国人的汉语水平每况愈下，外语专业学生尤其明显"，而且，"当前外语界的总体理论研究水平不高，可能与中文水平不高大有关系"，他呼吁，外语研究者要提高英语、汉语水平，认为这是从事任何与语言相关的研究的最重要条件，把母语的重要性提高到一个很高的层面。

不仅汉语、英语两种语言的关系呈现巨大的正相关性，而且双语人才也是国家软实力的重要体现，对于中国文化走出去具有重要意义。束定芳（1994：59）强调："由于缺少对两种语言（母语和外语）具有高度的驾驭能力的外语人才，中国优秀的传统文化无法大量向国外介绍，外国优秀文学作品也不可能通过像傅雷那样的翻译家高保真、高质量地介绍到国内。另一个直接的影响就是由于缺少汉语水平高的外语教师，外语教学理论和实践难以有较高层次的突破。"外语界有不少学者，外语水平相当不错，但由于汉语水平的限制，往往在科研和论著方面难以有突破和创新。我国创办的学术期刊和出版的著作，大多数情况下都是用汉语发表或出版的。汉语水平不高，必然制约学术成果的发表和出版。翻译方面亦然，无论是汉译外还是外译汉，都与汉语水平密切相关。

从上述论述当中，我们不难得出这样的结论，中文、英文"两张皮"的问题必须解决。要解决这个问题，首先要提高这方面的认识，增强这方面的意识。汉语学好了可以带动外语的学习，外语学好了可以促进汉语的学习。语言与文化相互借鉴、交流、交融，可以彼此促进、丰富和完善。关于这一点，我们从语言的发展中便可了解得十分清楚，然后在课程设置上进行改革与调整。

2.5 教学与科研的融合

教学相长，教研相长，我们呼吁教学与科研的深度融合。教学中我们必然会遇到各种问题、困难和矛盾，包括学科的、教学的、方法的、手段的、管理的等方面，要将遇到的问题转化为科研课题，进行专题研究，弄清成因，找到症结，探索解决方法与途径，产生科研成果。科研成果便可不断回答教学中提出的问题，丰富教学内容，支撑教学的质量和水平的提升，促进学科建设和人才培养，教学科研相互支持，互为依存，互相拉动和促进。

陆谷孙（2012）在"攻玉文丛"总序中提出，教师的学术研究工作，相当程度上应当以教学实践的积累为基础，再去促进教学，从而进一步造福社会。褚孝泉（2012）也提出，理想的情景是教学促科研，科研带教学。但现实是，由于科研与职称、待遇等因素的强大正相关性，现代研究型大学对教师造成了极大压力。压力源就是基本上以量化为准绳的职称评议制度（陆谷孙 2012），"重科研、轻教学"的现象还普遍存在。实际上，没有教研作为后盾的教学，日久天长，必将流于肤浅，教学内容难以跟上学科发展的前沿，难以向学生介绍和呈现最新的情况和学术成果。教学内容落后或陈旧，教学理念不及时更新就难以跟上快速发展的时代，尤其是在技术倒逼传统的时代。没有钻研精神和科研能力的教师也会后继乏力，支撑不足。反过来，一个热爱教学的教师也一定能从日常教学与思考中发现值得研究的课题，通过科研和科研成果给教学注入源源不断的活力，不断在教学中发现问题、研究问题、分析和判断问题、解决和回答问题，不断丰富、提升、完善授课内容，提升学科的发展水平，促进学术繁荣。教学与科研融合，教学与科研互动，必然会给教学和科研带来不竭的动力和取之不尽的源泉。

2.6 理论与实践的融合

实践是理论的源泉，不以实践为基础的理论是无源之水，是不可靠的、没有根基的，是空中楼阁。而没有理论指导的实践往往是盲目的、不成熟的、不完善的。理论与实践不可分割，实践的结果又是检验理论的标准，我们呼吁理论与实践更深度的融合。理论不是用来看的。理论源于实践，高于实践，指导实践，服务实践，更多、更丰富的实践可更好地构建理论和完善理论，二者互为依存，相互促进。

以翻译研究领域为例，理论与实践的分离也很突出，所以才会出现所谓"翻译研究水平上去了，翻译水平下去了"这样的说法，甚至有翻译研究人员声称自己只做翻译研究，不做翻译。"一方面翻译理论研究得到了重视，另一方面是社会上翻译质量的低下依然如故。我们似乎没有找到一个翻译理论指导翻译实践的有效途径"（潘文国 2007：6-7）。或许纯理论研究应该在整个研究领域中占有一席之地，但是如果一个理论研究的成果对实践没有任何指导作用，我们也难免会怀疑其存在的价值。翻译理论与实践脱节，理论缺乏足够的实践基础，又缺乏实践的检验，就很难运用于实践、服务于实践。如果理论是从实践中提炼出来的，就能很好地指导实践、为实践服务。当然，客观地分析实际翻译水平不高的原因，一个不容回避的原因是翻译报酬长期处于低位。劳动的价值得不到公正的体现，劳动者的积极性自然不高。

当然，我们希望翻译实践工作者重视理论学习和理论修养，使理论更好、更有效地指导实践，使理论研究者能承担一些翻译实践工作，尝一下李子的滋味，有一定的实践体验或经验，使理论构建和研究更有针对性，理论更有效地指导实践。

2.7　学术期刊与教学科研的融合

学术期刊与教学科研"本是同根生"，两者还是"风助火势、火借风威"的关系，我们呼吁学术期刊与教学科研更深度的融合。期刊的繁荣与发展可更好地服务教学和科研，尤其是学术成果的反映和学术思想的交流，可更好地促进学科的建设与发展。

目前学术期刊在某种程度上也存在着"闭门造车、自娱自乐"的倾向。一方面，期刊编辑人员多凭个人兴趣和好恶来遴选稿件，缺乏"读者"意识，不够了解读者需求——需要什么样的学术成果、希望看到什么样的文章。另一方面，学术期刊不仅是学术成果展示的平台，为学界提供思想与智力支持和精神动力，还应当是学者成长的平台，学者的精神家园，要起到引领学术方向的作用。学科发展了，学术繁荣了，人才质量水平提高了，就会出更多更好的成果。出人才，出成果；出成果，出人才。二者互为依存，互为促进，共同发展。同样，学刊、学科、学术、人才，互为因果。深度融合，必将为双一流建设培育出一流人才、一流成果。在新时期、新理念、新思想、新战略的背景下，学术期刊还应担负起新的使命和任务，尤其是在双一流建设中的支持、支撑、催化、催生作用。学刊水平反映了学科水平、学科高度、学术高度、人才高度以及学校的水平和高度。建一流学科，办一流学刊，应当成为学刊界的共识。

可以这么说，未来的创造、创新，是跨学科、跨领域、跨行业，深度融合的创造与创新。让我们携起手来，为更深入的融合发展共同努力，打造外国语言文学教学和研究的学术命运共同体，为早日建成世界一流学科而共同奋斗。

参考文献

- 蔡永良，王克非.中美外语教育理念差异比较 [J].外语教学，2017(3)：1-6.

- 常俊跃.英语专业基础阶段内容依托教学改革研究 [M].北京：北京大学出版社，2015.

- 陈冠商.我与外语 [M]// 季羡林.外语教育往事谈——教授们的回忆.上海：上海外语教育出版社，1988.

- 陈建平.从经验走向科学 [M]// 庄智象（主编）.外语教育名家谈.上海：上海外语教育出版社，2008.

- 陈申.东张西望：后方法观念的启示 [J].国际汉语教学研究 2016(2)：15-17.

- 褚孝泉.言为心声——语言、思想、文化论集 [M].上海:复旦大学出版社，2012.

- 黄新炎.聆听：外语界前辈的声音 [M].上海：上海外语教育出版社，2016.

- 陆谷孙.总序 [M]// 褚孝泉.言为心声——语言、思想、文化论集.上海：复旦大学出版社，2012.

- 潘文国.关于外国语言学研究的几点思考 [J].外语与外语教学，2007(4):1-3.

- 潘文国.母语能力是外语学习的天花板 [J].语言教育，2013(3)：2-8.

- 钱佼汝.小写的后现代主义：点点滴滴 [M]//.王守仁（主编）.英华吐蕊·百年传承南京大学英语学科论文集萃（上）.南京：南京大学出版社，2017.

- 秦秀白.基于我国语文教育传统经验的几点思考 [M]// 庄智象（主编）.中国外语教育发展战略论坛.上海：上海外语教育出版社，2009.

- 束定芳.其言灼灼，其理凿凿——重读《外语教育往事谈》有感[J].外语界，1994(2)：56-59.

- 唐洁仪，何安平.华南地区高校外语教育传统研究 [J].外语教育，2011(1)：1-7.

- 许国璋.论语言和语言学 [M].北京：商务印书馆，1997.

- 张中载. 外语教育中的功用主义和人文主义 [J]. 外语教学与研究，2003(6)：453-457.
- 仲伟合.《英语类专业本科教学质量国家标准》指导下的英语类专业创新发展 [J]. 外语界，2015(3)：2-8.

六　我国英语专业教育的问题及对策思考 [1]

1. 引言

　　根据《中国高等教育质量报告》，中国作为教育大国，高等教育总规模、大中小学学生数量位居世界第一。按照国家课程教学要求，大多数学生从小学三年级开始学习外语(英语)，一直学习到本科、研究生教育阶段。国务院发布的《国家教育事业发展"十三五"规划》指出，2015年九年义务教育、高中教育、高等教育阶段的所有在校生总数达2.1亿左右，可见我国外语学习人数之巨。我国外语教育因其学科的特殊性，学习周期长，涉及人数众多，一直是备受关注且争议最多的教育领域之一。

　　改革开放以来，外语教育为我国的政治、经济、文化、教育、外交、外贸、科技等各个领域的发展提供了全面有力的支持和服务，在加入世界贸易组织、举办奥运会和世博会等重大事件中发挥了不可估量的作用。英语专业教育的成绩尤为显著，大致可用两个完善和两个提高来进行基本概括，即人才培养体系和课程体系不断完善，师资质量和学术水平大幅提高。但是随着经济全球化的发展，文化"走出去""一带一路"等战略的实施，英语专业教育面临新的任务、新的要求、新的机遇和新的挑战。

1　本文原载《外语界》2017年第3期，9—15页。作者为庄智象、陈刚。

与其他教育领域一样，英语专业教育也是一个复杂的系统工程，它反映的不仅是教育本身的问题，也是各种因素盘根错节的社会问题。为推动英语专业健康、稳定、持续地发展，务必有效地解决英语专业教育的问题，而重中之重是认清英语专业教育现状，找到、找准问题，然后把问题梳理清楚，剖析问题产生的原因，在此基础之上才可能探寻得到问题解决方案。本文拟从我国英语专业教育的现状出发，透过现象看本质，找到真问题，分析真问题，并尝试提出英语专业教育发展的对策和建议。

2. 英语专业教育存在的问题

从我国英语专业教育的现状来看，总体而言主要存在"千校一面"、高端人才不足、高水平师资缺乏、教学资源选择范围狭窄、教学评估单一、高水平科研成果匮乏等问题。以下将一一梳理、阐述这些现象与问题，为对症下药提供依据。

2.1 "千校一面"——人才培养规格单一

英语专业是我国绝大多数高校必开的专业。王守仁（2016）指出，我国900多个英语专业设置点已扩张到1 300多个英语类专业设置点。对于不少高校来说，开办英语专业"只需要一些懂英语的老师，不需要实验室，甚至不需要多少图书"（束定芳 2015）。英语专业几乎成为低门槛、低要求的代名词。一哄而上的结果是英语专业出现"千校一面"的现象。一方面，英语专业办学呈现"同质化"倾向。从我国高校英语专业办学实际来看，大部分专业长期以来一直培养一般通用型人才，注重语言技能训练和语言文学知识积累。然而，通用外语人才只能基本满足经济、社会发展对一般语言技能类人才的需求，却未能跟上形势发展，满足经济、社会发展对多样化、多层次外语人才的需求。

另一方面，有些英语专业学科点达不到教育质量标准，无论是课程设置还是师资、教学条件等都难以确保人才培养目标和规格的实现，有的甚至连最基本的语言教学能力都不达标。这些学科点英语专业四、八级考试的低通过率在一定程度上就是人才培养质量堪忧的最明显的事实证据。近年来，英语专业因就业率问题被相关教育部门屡亮红灯，甚至在某些省份连续遭遇招生红牌、黄牌警告。这些事实和现象都从不同角度揭示了英语专业教育存在学科专业性不强、吸引力下降等问题。

"千校一面"只是英语专业问题的表象，现象的背后则是单一的人才培养规格。人才培养规格单一导致各领域需要的人才短缺，人才资源配置不合理。《国家中长期教育改革和发展规划纲要（2010—2020年）》明确提出，"培养大批具有国际视野、通晓国际规则、能够参与国际事务和国际竞争的国际化人才"及"各种外语人才"。国家需要的人才规格是多样的，既需要语言文学类人才，也需要为各行业、为地方经济服务的复合型或融合型人才；既需要研究型人才，也需要应用型人才；既需要高级设计师，也需要高级工匠。

2.2 高端人才不足——课程体系支撑乏力

当前形势下，参与全球治理、构建人类命运共同体等重大历史使命对我国高端外语人才培养提出了更高的要求。文秋芳曾提出，外语学科要为国家战略服务，外语院校要培养懂外语，懂专业，还懂国际规则的国际化高端人才（转引自李希 2013：62）。然而，近些年关于高端外语人才缺乏，尤其是融合型高端人才不足的报道不时见诸报端，最直接的体现就是能够满足各类国际专业会议需求的高级口、笔译人才严重不足。如何培养国际化创新型高端外语人才，已经成为我国外语教育在新时期需重点解决的问题之一（庄智象，孙玉，严凯等 2015）。不少学者也已展开研究讨论，提出相应问题的解决举措（胡文仲 2014；胡壮麟 2015；束定芳 2015）。我们认为，高端人才不足这一现象的本质在于课程体系的不完善。

从课程设置的角度来看，英语专业现有课程无论数量还是质量均无法支撑国际化高端英语人才培养的需要。就课程数量而言，英语专业课程设置仍然存在因人设课现象，课程数量不足，难以满足学习需求。就课程质量而言，课程的前沿性、深度、广度不足，难以培养学生的思辨能力。不同规格的高端英语人才培养缺失对应的课程体系，相关课程目标、课程内容、课程评估等与高端英语人才培养目标不一致。不仅是本科英语专业,翻译、商务英语等专业的课程体系亦亟须完善。

与非英语专业学生相比,英语专业学生在听、说、读、写、译等语言技能方面应占绝对优势。实际情形是,有些非英语专业学生或以英语为第二专业的学生能够获得英语专业八级考试优秀的成绩,而英语专业学生并不都能达到优秀。这在一定程度上表明,英语专业学生在语言技能方面的绝对优势在逐渐减弱。英语专业甚至面临着需要为自己的学科专业性辩护的窘境,处于学科困境(曲卫国 2016)。基于此,高端英语专业人才培养应以学科教育而不是技能训练为导向,扩展学科专业知识,提高学习能力、思辨能力和科研能力,创建培养创新能力的本科课程体系(庄智象,孙玉,严凯等 2015)。

2.3 高水平师资缺乏——语言文学和专业融合型师资匮乏

根据《高等教育第三方评估报告(摘要)》,我国高等教育专任教师总数达 153.5 万人,师资队伍数量居世界第一,具有博士、硕士学位专任教师的比例超过 50%,青年教师和中青年教师超过 70%。由此可见,高校教师的数量和学历层次大幅提升。然而,从英语专业师资来看,知识结构有待完善升级。

在庞大的英语师资队伍之中,精通其他专业的语言文学类教师不多,而精通其他专业的教师语言驾驭能力又不足,语言文学与相关专业融合的双师型人才缺乏,具有法律、哲学、金融、经济、外交、国际政治等专业背景的语言文学类教师较少。以前提倡培养复合型人才、复合型教师,现在看来仅仅"复合"是不够的。高水平师资和人才的培养不是简单的"1+1"问题,而是要培养语言和相关专业相互渗透、高度融合的教师和人才。庄智象,孙玉,严凯等(2015)提出,培养国际化创新型外语人才需要国际化创新型外语专业教师,这些教师除必备的专业能力之外,还要具备强烈的使命意识、宽广的国际化视野和很强的国际合作能力。

语言文学类教师队伍还缺乏高精尖人才,缺乏大师。翻译和商务专业亦缺乏融合性人才和师资。从某种程度上说,目前英语专业的师资结构仍然受制于语言文学专业的建设框架,需要合理改善与提升。

2.4 教学资源选择范围狭窄——教学资源不足

21世纪以来，我国各大出版社针对学生需求，推出了不同类型的英语专业教材，涉及综合英语、听力、口语、写作、语言学、文学等不同课程。在"互联网＋"背景下，随着人才培养目标和规格的战略变化，教学资源需更新换代，融合教育技术因素。美国的《2016年国家教育技术规划》倡导发展教育技术，为重塑学习打开想象空间、提供现实支持，以培养面向21世纪全球化、具有国际竞争力的人才。

虽然教育技术不断发展，但英语专业的教学资源未能充分体现教育技术进步，选择范围仍然相对狭窄，不足之处如下：（1）实现国际化创新型英语人才培养这一战略目标亟须进一步优化、丰富教学资源。（2）教学的网络配套资源不够丰富，电子资源多为教科书的网络化内容，立体化教材、资源库、习题库缺乏，不能有效满足师生需求。（3）部分教材粗制滥造、质量低劣，尤其是某些地方化校本教材的编写不以教学为本，沦为某些利益共同体的牟利工具。（4）教材市场存在盗版教材等不规范现象。个别地方的高校甚至发生盗版教材堂而皇之进入课堂的情况，干扰了学校的正常教学秩序。教学资源不足、配置失衡等英语专业发展问题亟待解决。

2.5 教学评估单一——评估体系不够完善

教学评估是保障教学质量的重要环节。《国家中长期教育改革和发展规划纲要（2010—2020年）》明确提出，要整合国家教育质量监测评估机构及资源，完善监测评估体系，定期发布监测评估报告。无论是国际高等教育研究机构QS（Quacquarelli Symonds）等的评估，还是教育部组织的学科评估和专业评估，均是教育领域关注的热点，充分体现了教育各界对教学质量的重视。

英语专业教学评估方式相对不够多元。学生英语能力的评估方式主要是英语专业四、八级考试。该考试已经开展年度宏观评估分析、类别院校评估分析等，但应进一步加强个性化评估分析，发挥其积极的反拨作用。关于英语专业教师的课堂教学质量评价，各高校一般均有质量评价表，但量表的客观性、科学性有待验证。如果过分关注教师上课是否有趣，互动是否充分，授课容易流于形式，忽略内容。现实的英语课堂教学确实也存在娱乐化、幼稚化的倾向（秦秀白 2012），以及过分注重流利性而忽视准确性等问题，课堂内容信息量不足，未能切实发挥语言和内容本身的魅力吸引学生，引发学生的深度思考。

2.6　高水平科研成果匮乏——科研欠缺中国特色

我国外语教学研究尚缺乏高水平、广受国际学术界认可的科研成果。其原因在于，科研成果没有真正体现中国特色。在外语教学研究中，对国外理论的引进、介绍、学习和运用较多，而对我国丰富教学实践的提炼、总结不足，彰显有中国特色的外语教学理论的特点、规律欠缺，具有中国特色的外语教学理论体系至今没有形成，也就谈不上用有中国特色的外语教学理论指导外语教学实践，解决外语教学的实际问题。

文秋芳指出，我国应用语言学研究的最大不足是缺少具有本国特色的应用语言学理论，她批评"上不着天，下不着地"的伪学术研究，提出要做"顶天立地"的学问，即研究要符合国家需要和学生的发展需要、符合外语教学实践的要求（转引自孙丰果 2016）。束定芳（2005，2017）呼唤具有中国特色的外语教学理论，认为我们的理论研究尚未形成体系，未能真正指导教学实践。庄智象等（2015）提出，应构建具有中国特色的外语教材编写和评价体系。学者们的呼吁反映出我国外语教学研究缺乏本土化特色，有待创新突破。

3.　建议和对策

面对当前学科、社会、经济发展等方面的需求，我国英语专业应迎难而上，认清现状，找准问题，采取有效措施——破解现实问题，力求在新形势、新环境下取得实质性发展。为此，我们尝试提出以下建议和对策，以解决英语专业的发展问题。

3.1　多规格、多层次、多模式培养英语人才

我国的基本国情是疆域辽阔，地域差异大，尤以东西部差异为甚，由此不

同地区对人才的需求也呈现差异化和多样化，反映在英语专业人才培养中，即需确立不同的人才培养目标，设立不同的人才培养规格。制定人才培养规划时，国家、地区、行业应各安其位，各司其职。不同类型、层次的院校应根据国家、地方、行业需求培养不同专业领域的人才，或者按照学术型、应用型、服务型的培养规格各尽所能，各显特色，避免人才培养目标、规格单一，防止"要么没有、要么过剩"的人才现象。文秋芳指出，外语学科发展需要多元化，不同类型的学校应因校制宜，采用适合本校的模式推进外语学科发展（转引自李希 2013）。《国家教育事业发展"十三五"规划》明确提出："推动高校针对不同层次、不同类型人才培养的特点，改进专业培养方案，构建科学的课程体系和学习支持体系。"各个高校应采取适合自己的方式，多规格、多层次、多模式培养各具特色的各类英语人才。

为培养多元英语人才，有必要实施国标、校标和行标。根据《国家教育事业发展"十三五"规划》的要求，英语专业要"按照培养有理想、有追求、有担当、有作为、有品质、有修养大学生的目标要求，实施教学质量国家标准，规范专业领域人才培养基本要求，鼓励行业部门（协会）制定人才评价标准，推动高校制定各专业人才培养标准和评价办法"。在校标制定方面，教育部高等学校英语专业教学指导分委员会（简称"英委会"）在 2015 年的工作总结中指出：国家标准制定工作结束后，英委会便开始推进修订各类高校英语专业人才培养方案的工作；英委会对各类高校英语专业的人才培养方案进行调查，委托具有代表性的高校就各类高校的人才培养方案提出意见和建议，已经制定综合类院校、外语类院校、师范类院校、理工类院校、财经类院校、政法类院校和医科类院校共 7 类院校英语专业的人才培养方案。英语专业各类人才培养方案的制定与落实将有力促进多规格、多层次、多模式英语人才培养。

3.2 协同创新，优化课程体系

《国家教育事业发展"十三五"规划》强化高校创新体系建设的一个重要举措是："深化全方位协同创新。支持高校探索建立基于互联网的科研组织模式，开展跨学校、跨学科、跨领域、跨国界的协同创新。"为实现人才培养目标，达到不同规格的人才培养要求，各院校、各学科、各专业应协同创新，共享优质教学资源。在课程体系建设方面，同一层次、同一类别或者相同、相近的学科、专业应协同创新，共同设计和建设完善的课程体系，保障人才培养目标和规格的实现。综合类院校、师范类院校、外语类院校、财经类院校、理工类院校等应协同构建课程体系，以群体的智慧、资源和力量尽快提升英语学科的发展速度和水平。在资源开发方面，应充分利用网络资源，建设不同类型的资源库，可协同组建同类院校资源开发联盟。在教材应用方面，应加强规范化管理，引导使用国家级规划教材，严禁使用盗版教材。在师资队伍建设方面，高校可协同培训教师，组建地域性讲师团等，教师可在各校兼课，甚至形成教学联盟。多校合作形成专业化教师团队，能够促进教学与学术交流，提升教学质量和水平。

北京市高校在协同创新方面已做出有益探索。近年来，北京市以国家教育体制改革试点项目"探索在京中央高校与市属高校共建新模式"为抓手，通过重点推进学院路地区教学共同体建设、在京中央高校与市属高校结对共建、"北京市卓越工程师教育培养计划高校联盟"建设、专业综合改革建设、教师队伍共建、教学资源共享等工作，不断完善北京高校交流合作、资源共享机制，努力打造北京高等教育共建共享优势品牌，初步建立区域高等教育协同发展框架，其中自 2011 年以来首批建设的 5 个专业群中就有英语学科。《"十三五"时期京津冀教育协同发展专项工作计划》发布以后，"跨省之间课程互选、学分互认、教师互聘、学科共建……这些很多学生多年来梦寐以求的愿望，不久之后，在京津冀三地之间或将成为现实"（赵婀娜 2017）。目前京津冀三地高校先后组建了 9 个创新发展联盟，但尚未有外语学科参与联盟建设。外语学科如何实现学科共建，值得深入思考和探索。

3.3 加强国际合作，培养融合型人才

在高等教育国际化背景下，国际化人才培养理念和模式构建已经成为必然发展趋势。英语专业应通过加强国际合作，注重培养融合型人才。以上海交通大学为例，外语学科建设走国际化发展道路，努力建设国际化师资队伍，积极

构建国际化人才培养体系（胡开宝、王琴 2017），在学科建设和人才培养方面取得了显著成效。

与复合型人才培养相比，融合型人才培养要求更高，更需国内外多方合作。融合型人才培养不是简单的"1+1"专业融合，而是强调语言与相关知识的融合互通。在人才培养的具体过程中，有必要充分利用与开发海外学术资源，将语言文学专业教师派往海外院校进行专业学习，或专门培养硕士、博士教师。国内院校与海外院校形成合作机制，教师交换任教，学生交换学习、实习。教师应有更多短、中、长期交流和培训机会，以此开阔视野，增长知识，丰富见识，提高素养。有了高水平的融合型师资，才有可能培养出融合型高端英语人才。

3.4 促进政产学一体化，提升专业吸引力

英语专业的可持续发展需要国家、政府、地方、行业、学校等多方共同努力。国家、政府从战略层面进行顶层设计，制定国家语言战略和中长期语言规划，科学布局，宏观引导。地方和行业部门分析、预测和统计人才需求信息。学校统筹协调，院系科学办学。英语专业办学要避免两个极端，即要么把一切推向国家和政府，要么一切由学校包揽；不同层面应根据各自职责，各司其职，各尽所能。

英语专业还要在分析专业基本现实情况的基础上，充分研究专业内涵、专业目标、专业建设任务、专业发展路径等，以充分提升专业吸引力，吸引更多的优秀生源，培养更多的高端人才，促进专业的良性循环发展。

3.5 立足本土，构建具有中国特色的研究体系

开展外语理论建设，要在中国特色上下功夫。《南方周末》刊发过周有光先生写于 2010 年的一幅字："厚今而不薄古，重中而不轻外"（朱立侠 2017）。我们的外语教育研究现状则是：讨论、应用和研究外来的理论太多，中国的声音太少。

学习国外理论是必要的。尤其在改革开放初期，我国与发达国家的差距因"文革"而加大，亟须引进、学习先进的理论与方法。但是在改革开放近四十

年后的今天，我们则应提炼、总结经验，探索建立具有中国特色的外语教学理论体系，使其更好地服务于外语教学与研究，服务于人才培养。在所有研究中，两个领域显得尤为重要。一是中国外语教育的传统研究。我国现代外语教育自清朝末年发端，至今已有 150 年左右的历史，我们有自己的外语教育和学习的传统经验可以继承，可以提炼其中有价值的经验形成外语教学理论体系。二是中国外语学习者的认知过程和特点研究。中国外语学习者人数众多，教学实践极为丰富，具有独特的学习过程和特点。例如，母语为汉语的外语学习者的特点包括母语是汉语、语言学习环境是外语环境等，这些特点值得深入研究。在开展相关研究的前提下，我们再探讨适合中国外语学习者特点的教学方法和手段，获得服务于我国外语人才培养的研究成果。

概而言之，我们要重视中国外语教育教学特色研究，探索和创建符合中国英语学习者认知和学习特点的外语教学理论体系，寻找和发现教与学的规律，推动国际化创新型人才培养。

4. 结语

建设一流大学和一流学科是我国在新的历史时期，为提升国家教育发展水平、增强国家核心竞争力、奠定长远发展基础做出的重大战略决策。根据国家《统筹推进世界一流大学和一流学科建设总体方案》的部署，外语界也要瞄准世界一流，汇聚优质资源，培养一流人才，产出一流成果，加快走向世界一流。英语学科要凝练学科发展方向，突出学科建设重点，创新学科组织模式，发挥各类院校的学科和专业优势，办出特色，实现发展。全国外语界要通力合作，为创建世界一流外语学科而努力！

参考文献

- 胡开宝，王琴. 国际化视域下的外语学科发展：问题与路径——以上海交通大学外语学科建设为例 [J]. 外语教学，2017(2)：1-6.

- 胡文仲. 试论我国英语专业人才的培养：回顾与展望 [J]. 外语教学与研究，2014(1)：111-117.

- 胡壮麟. 对中国外语教育改革的几点认识 [J]. 外语教学，2015(1)：52-55.

- 李希. 高瞻远瞩，与时俱进，从国家战略高度规划外语学科发展———"2012 年中国外语教育高层论坛"综述 [J]. 中国外语教育，2013(1)：59-62.

- 秦秀白. 充分利用四、八级考试的反拨效应，抑制教学质量滑坡 [J]. 外语界，2012(3)：10-14，41.

- 曲卫国. 国家标准能让英语学科走出困境吗？———谈谈英语专业改革与英语学科建设的关系 [J]. 外国语，2016(3)：11-13.

- 束定芳. 呼唤具有中国特色的外语教学理论 [J]. 外语界，2005(6)：2-7，60.

- 束定芳. 高校英语专业"复兴"之三大路径 [J]. 中国外语，2015(5)：4-8.

- 束定芳. 中国特色外语教学理论的深厚实践基础———陆谷孙先生的外语教学理念与主张 [J]. 外语界，2017(1)：15-21.

- 孙丰果. 中国应用语言学发展的若干问题———文秋芳教授访谈录 [J]. 外语教学理论与实践，2016(2)：8-13.

- 王守仁. 谈中国英语教育的转型 [J]. 外国语，2016(3)：2-4.

- 赵婀娜. 京津冀教育协同发展：如何让 1+1+1 ＞ 3 [N]. 人民日报，2017-02-23.

- 朱立侠. 我读书时如何学习中国古诗文 周有光先生访谈实录 [N]. 南方周末，2017-01-19.

- 庄智象. 外语教育探索 [M]. 上海：上海外语教育出版社，2015.

- 庄智象，孙玉，严凯，等. 国际化创新型外语人才培养与教材体系构建研究 [M]. 上海：上海外语教育出版社，2015.

七 翻译教学及其研究的现状与改革[1]

　　随着我国对外开放政策的不断发展和全面实施，我国同世界各国的经济合作、贸易往来和文化交流日益频繁。社会各界对外语翻译人才的需求，不论在数量还是质量方面，都越来越高。同时，世界科学技术的迅猛发展，使人类社会从工业时代进入了信息时代，引起了经济、政治、文化、家庭生活等各方面的深刻变化。在这种形势下，起着桥梁作用的外语翻译是至关重要的尖兵，因为任何科研成果的对外介绍，新技术的引进，新信息的获取，新视野的开拓都离不开外语翻译，从而使担负培养跨世纪高层次外语翻译人才的我国高等外语院校、综合性大学、师范院校的外语院系都面临着新的挑战：怎样继续深化教育体制改革，提高教学质量，培养出能够担负起进行文化和科技交流、经济合作和贸易往来重任，适合社会需要的"又红又专"的外语翻译人才。据了解，随着对翻译人才需求的提高，不少用人单位呼吁学校加强翻译教学。目前，尽管大部分外语院系都开设了翻译课，但教什么？怎样教？达到什么要求？教学效果如何？这些问题长期以来并没有得到应有的重视。本文拟就当前（主要是英语专业）的翻译教学及其研究的现状与改革谈一些粗浅的看法，以起到抛砖引玉的作用。

1　本文原载《外语界》1992 年第 1 期，10—17 页。

1. 翻译教学的现状

为了解近几年外语院系翻译教学的状况，笔者翻阅了中国共产党第十一届中央委员会第三次全体会议（简称"三中全会"）以来（至 1989 年）先后复刊、创刊的我国部分主要的外语期刊。它们是《外语教学与研究》《外国语》《外语界》《现代外语》《外语教学》《教学研究》《外语研究》《外语与外语教学》《外国语文教学》《外语学刊》《中国翻译》《山东外语教学》《福建外语》《上海科技翻译》，共 14 种期刊，笔者重点阅读了其中有关翻译教学的文章。现归纳出几个问题分别概述如下：

1.1 对翻译课的认识

翻译是艺术，是技术，同时也是科学。翻译课是理论课，也是实践课。翻译课既要系统地讲翻译理论，又要有大量的实践；既要对比研究两种语言，又要总结常用的语际翻译技巧。要引导学生在实践中掌握理论，并用理论指导实践，力求理论与实践密切结合。翻译课的任务就是促使学生从感性认识上升到理性认识，向学生传授前人从广博丰富的实践中总结出来的理论，并帮助他们在理论的指导下较好地去完成翻译任务。至于如何讲授翻译史和翻译理论，则要根据我们的教育对象决定讲授内容的广度和深度。因为讲述翻译史，国内的，可以从约有两千年历史的梵文佛经翻译讲起，国外的，可以从两千年前发端于地中海沿岸各国的翻译史讲起。讲述国内外理论流派，可以从亚洲各国的讲到欧美各国的，仅翻译原则，就可以旁征博引，援用古今中外各家众多的论述。因此必须视具体教育对象而定，这是一种观点。

另一种观点认为：翻译课主要是一门实践课，应通过大量的实践使学生奠定一定的翻译基础，通过对两种语言进行深入细致的对比，将学生的感性知识条理化、系统化，使他们对两种语言的异同心中有数。同时要对翻译有一个较正确的认识，除了让学生做翻译练习，学点翻译技巧，更重要的是，要把从事翻译工作需要具备的某些基本东西通过实践传授给学生。诸如：养成良好的译风，学会使用词典，辨别正确与错误，判断译文优劣，懂得翻译技巧，等等。

翻译的基本目的是使学生对未来的职业有所认识，有所准备，并对他们进行基本训练。这两点决定了翻译课应是一门实践课而不是理论课。翻译课应以翻译练习为主，把练习和讲评结合起来练习，通过讲评适当讲一些翻译知识和技巧。这样学生可以有大量的实践机会，能够提高他们的实际工作能力。也就是说，通过翻译课培养学生分析、鉴别和调查研究的能力，即我们通常所说的独立工作能力。这种能力是通过各方面的实践积累取得的。理解一个翻译原则往往是很简单的，但到具体处理时情况便会千变万化，很不容易掌握。例如："信、达、雅"，这三个字，学生理解起来很容易，但是做起来却很难。再说实际语言的运用是多变的，翻译技巧和规律也不是一成不变的。翻译作为一门艺术，一种技能，主要是在实践中日臻成熟的。

目前一般认为：外语专业的翻译课主要还是一门实践课，应以实践为主，理论应该为实践服务。但对翻译课程究竟应该怎样贯彻理论指导实践的原则，主要应该讲哪些理论，单纯讲翻译技巧和方法能否代替必要的翻译理论等问题仍然存在不同的看法，仍须做进一步的探讨。

1.2　对翻译课程设置的看法

国外有学者（如 Lado 1957）认为，翻译能力是一项专门技巧，能说会写的人不一定能译，译的能力需要专门训练。也就是说，外语讲得好的人不一定是翻译能手。翻译作为一门艺术，涉及范围极广。它不仅牵涉两种语言（外语和母语），而且涉及两种语言的文化背景知识、文体学知识和综合性的知识修养等。若是做某一门专业的翻译，还须掌握该专业的基础知识。做文学翻译则必须有一定的文学修养和较深的生活体验。所以，要培养出高质量的翻译人员非进行系统的、严格的强化训练不可。培养外语人才的目的无非就是使他们能用外语直接同外国人打交道或用外语为社会服务，这种情况在我国且占大多数，因此设立翻译课无疑有其实际意义。翻译课要想独立成课，必须具有自己的特色，不仅在材料内容上而且在篇幅和难度上都要既参考精读课，又有别于精读课。必须改变翻译课长期沿袭以语法、词、句论翻译的传统教学模式，忽视翻译学科的独立性，使翻译课缺乏一门专业课应有的特色，造成翻译课在内容上成了精读课、语法课的翻版这一现象。简而言之，既然翻译是一种综合能力，那么它除了主要讲授翻译史和理论、翻译原则和训练技能，也应是一门包括母语、文化背景知识、交际理论和一定的文学和文体学知识等的综合技能课程。

何时开设翻译课？开设多久？一般外语院系都是在大学三、四年级开设，三年级开设外译汉课，四年级的翻译课外译汉、汉译外并重。但也有人认为（三年级）外译汉、汉译外同时开设可以较系统地进行外汉对比，也有教师认为，考虑到两门课程的不同特点，还是分别开设为好。究竟怎么开设好，还要进行探索。研究生一年级则以开设汉译外为主，一般为一年。无论是本科生还是研究生，课时一般均为每周两课时。但是本科生毕业时达到的翻译水平一般都不太高，故有人认为每周两课时的翻译训练太少，应适当增加课时，尤其要加强汉译外和口译的教学。同时可考虑在基础阶段对翻译教学也有一定的要求（当然不是说开设翻译课程）。例如，做句子翻译练习时，首先要求能比较准确地表达原义，有时可以允许粗略一些，但外语一定要符合习惯的表达方式，可多练习几种可能的译法以开阔学生的思路，尤其要注意训练学生在不同的语境中采用多种表达方法。要从基础阶段就要求学生注意知识的积累，只有积累丰富，才能在翻译中左右逢源。

1.3 对现行教材的评价

随着工业和科学技术的迅猛发展，语言文字也在不断丰富和变化。要培养出大批合格的、能跟上时代步伐的翻译人才，就必须使我们的翻译教材能及时反映时代的特点。这就需要我们的翻译教材能够不断推陈出新。三中全会以后，国内较为广泛采用的翻译教学参考书和课本有钱歌川先生编著的《翻译的技巧》（1981年，商务印书馆）；陈廷祐先生编著的《英文汉译技巧》（1980年，外语教学与研究出版社）和张培基先生等编著的《英汉翻译教程》（1980年，上海外语教育出版社）。这几本书，有的多次重印，总印数达几十万册。这些教材为我国培养翻译人才起了积极的作用，立下了功勋。但随着形势的发展，尤其在当前的形势下，这些书亦暴露出一些不足之处。例如钱歌川先生的

《翻译的技巧》完稿于 1972 年，选材都是比较古老的篇章，现代的东西较少，缺乏时代气息。陈廷祐先生的《英文汉译技巧》的材料则是历史和传记、回忆录之类。张培基先生的《英汉翻译教程》有 36 篇范文，包括小说散文摘录 12 篇，传略、回忆 11 篇，政史论述 7 篇，演说 6 篇。客观地说，这些教材还是比较传统的，多以文学作品为主，穿插一些政论文、演说词、回忆录、传记等。然而从我国的发展趋势来看，今后的外语专业毕业生从事文学翻译的人不会太多，大量毕业生需要从事经济、科技、文化、旅游方面的翻译工作，因此，应适当增加经济和现代科技方面的文章。另外，这些教材在反映现代翻译学理论方面也显得不足。例如，它们未能很好地反映对比语言学、交际理论和跨文化交际等的研究成果。

除此之外，汉译外的教材颇为缺乏。以英语为例，现在国内很多学校采用的教材是西安外国语学院吕瑞昌等编著的《汉英翻译教程》（1983 年，陕西人民出版社）。从全国看，有相当一部分院校采用上述教材，有些学校自己临时挑选练习，常常显得较为凌乱，深一脚浅一脚，缺乏系统性。此教材的问世对汉译英教学起了很好的推动作用，但它同上述几部英译汉教材一样有一些通病。在体例上仍然遵循着传统的老路，即以语法为纲，按词法、句法体系来编写。其内容，一是关于翻译过程词语的处理，包括词义的选择、引申和褒贬、词的增减与重复、词类的转移等。二是关于句子的处理，如句型的转换、句子的肯定与否定、分与合、各种从句的移植与替换等。实例多为句子而不是段落或短文，缺乏篇章结构对比。此外，此教材选材面较窄，且很大一部分是政治性词语和文学性体裁。当然，译文是由词、句组成的，评论翻译离不开词、句，应该注意具体方法、技巧的训练，然而翻译并不是一对一简单的转化形式，何况翻译的优劣受制于诸多因素，就是词句的选用也不能脱离文章的语境。换句话说，我们过去一直比较重视微观分析，忽视宏观论述。同时，现代翻译学理论比较欠缺，难以全面地反映出翻译这一学科的特点。因此，翻译教材的编写应打破旧框框，更科学、更系统地反映这一课程的特点。

1.4 教师和教学方法

教学目标的确定，决定了教材的编写方向，教材的采用对教学效果起着很大作用，而能否贯彻教材的编写理念又取决于教师。贯彻教材编写理念、达到教学目标在很大程度上有赖于教师，因此教师水平的高低，经验的丰富程度，教学方法的优劣是至关重要的。

翻译课教师最好由外语和汉语功底都比较好的教师来担任。一般来说，随着对外交流机会的增多，外语教师进修外语的机会比较多，因而外语教师的外语水平都不错。但外语和汉语俱佳的教师并不是很多，因为翻译课教师除了完成课程的任务，还要兼做精读课和汉语课教师的工作。翻译课教师还应具有广博的知识，包括文化背景、文学修养、一般科技知识等。除此之外，最好做过一些翻译工作，具有一定的翻译实践经验，发表过一些译作。这样，讲授翻译课更具有针对性。同时翻译课教师要尽量多吸收新知识，注意知识的积累。学生随时可能提出学习或生活中的新问题，要求教师帮助解答。然而，目前全国性的问题是：外语师资尤其是英语师资紧张，原来承担翻译课教学工作的一批老教师相继离退休，新上任的翻译课中青年教师负担重，常常显得力不从心，故培养一支高水平的翻译师资队伍已刻不容缓。

一般而论，目前我们的翻译课所采用的教学方法大致是：以学生练习为主，教师在讲评练习时穿插讲授一些翻译理论、原则或技巧。有的干脆让学生自己在课外看一些有关翻译理论或技巧的书，周而复始地教两年，课堂上老师讲，学生记笔记。在外译汉教学中，学生的错误往往出在理解上，尤其进入高年级后，学生对具有一定难度和深度的文章在理解上常常停留在浅表层，故教师的讲解大体都围绕着对原文的深层意义的理解进行。汉译外教学则主要讲解词语的选择和句型、结构的采用，强调外语用法的适合性。在讲解过程中，归纳总结较少，一般停留在对具体语言就事论事的讲解上，"授鱼"多而"授渔"之法不够。

1.5 学生的现状

教学原则、教材、教学方法应切合学生的实际。英语专业的学生，一般从中学开始学英语，到大学三年级，应该说已具备了一定的翻译能力。然而，他们没有系统学习过翻译理论和技巧，他们仅具有初步的翻译能力，这种能力在某种程度上讲是感性知识的积累，还未上升到理性。总的说来，他们的翻译能力，不论是外译汉还是汉译外都是较低的。他们的主要问题在于：

英译汉：一是对原文的理解不够透彻，弄不清句子成分之间的关系。只要遇到稍复杂的句子就读不懂了。若再遇到文化背景难一点或复杂一些的东西，就更无法理解了。于是便硬译或随意乱译，往往勉强译出，错误颇多。二是汉语水平不高，表达能力欠佳。常见错误为词语搭配不规范，掌握的常用汉语词语不多，词汇贫乏，拘泥于英文句法结构，不能找出恰当的相对应的汉语词语结构等，句子欧化，中文不够流畅。

汉译英：由于英语基础不够扎实，英语不够熟练，所以常常出现常用词、短语、习惯用语方面的错误，常用结构、词语搭配方面的错误，时态的误用，书面语与口语误用（用口语体表达书面体等），以及书写不规范，拘泥于汉语原句结构而不能找出相应的通顺的英语词句等问题。少数学生汉语基础差，句子理解有误，因而也会译错。还有学生使用汉语词典和原文词典不够，知识面狭窄。

按翻译能力而论，一般可将学生分为 3 类：（1）少数学生英汉语言基本功扎实，知识面广，理解表达能力和翻译能力较强。（2）大多数学生外语和汉语基础比较好，理解能力较强，但汉语词汇不丰富，表达方式不够熟练，知识面不够广。有时能用英语解释难句，但是只能"意会"难以"言传"，即使"传"出来了，也不是地道的英语或汉语。（3）少数学生外语和汉语基础都比较弱，理解表达能力比较差，知识面比较窄。

2. 翻译教学研究的状况

为摸清翻译教学研究的状况，笔者还就上述 14 种具有一定代表性的外语期刊所刊载的有关翻译的文章做了一个统计，见表 1：

表 1　翻译文章统计列表

期刊	文章类别							总计
	综合论述	翻译理论	翻译技巧	文学翻译	科技翻译	政论文翻译	翻译教学	
《中国翻译》	229	118	180	125	93	50	18	813
《外语教学与研究》	12	17	11	7	6	0	2	55
《外国语》	14	33	36	26	5	5	1	120
《外语界》	1	1	0	0	0	0	3	5
《现代外语》	7	10	20	9	7	4	5	62
《外语教学》	10	9	18	5	6	0	1	49
《外语研究》	13	3	9	3	2	1	0	31
《教学研究》	0	7	14	10	2	4	2	39
《外语与外语教学》	2	1	7	0	2	0	2	14
《外国语文教学》	4	1	6	3	2	1	3	20
《外语学刊》	1	8	6	3	6	0	0	24
《山东外语教学》	2	9	8	10	4	0	2	35
《福建外语》	3	10	14	1	3	0	0	31
《上海科技翻译》	13	15	37	0	133	0	4	202
累计	311	242	366	202	271	65	43	1 500
该类文章占总文章数的百分比	20.7%	16.1%	24.4%	13.5%	18.1%	4.3%	2.9%	100%

　　从表 1 中不难看出，三中全会以来（至 1989 年），外语学术研究日益繁荣，仅这十几家期刊发表的翻译论文就达 1 500 篇之多。遗憾的是，有关翻译教学的论文实在少得可怜，14 份刊物仅发表了 43 篇，仅占总数的 2.9%。如果按 14 份杂志平均分配的话，每份杂志发表的有关翻译教学的论文仅约 3 篇。这不能不说是我们教学研究和办刊中的一个缺陷。值得注意的是，这里列举的 14 份期刊大部分是各外语院校的学报，其次是有关外语教学研究会和翻译协会的会刊。外语院校和综合性大学的培养目标是高级翻译人才，学生毕业后，绝大多数从事文化、经济、旅游、贸易和科技方面的翻译工作，即使当教师也

少不了要从事一些翻译工作。应该说翻译课是高等学校外语院系很重要的一门课程。可探讨翻译教学的论文如此之少，是否可以认为翻译教学就不存在什么问题了呢？实际情况是，无论是教材编写、课程设置、师资队伍的培养，还是教学方法等，都有一些问题尚未很好地解决，仍值得探索和研究。何况翻译人才的培养直接关系到我国翻译水平能否不断提高的问题。从某种意义上说，也就是能否胜利完成同世界各国之间的政治、文化、经济、科技交流的任务的问题。这几年不少翻译界人士大声疾呼：翻译质量下降，乱译、粗制滥造现象屡见不鲜，高质量、高水平的译作凤毛麟角。除了译风不正，这恐怕和我们长期以来不重视翻译教学研究也不无关系。

这十几年，随着外语学术活动增多，交流频繁，我国外语界各级各类外语教学研究会、外语学术团体如雨后春笋般涌现。据不完全统计，全国性的外语教学研究会、外语学术团体就有 10 余个。地方教学研究会、学术团体就更是数不胜数了。每个研究会和学术团体每年至少举行一次年会或组织数次学术活动，在繁荣学术方面发挥了重要的作用，取得了可喜的成绩。但令人遗憾的是，在这些研究会和学术团体的外语学术活动中，似乎没有一次是专门探讨翻译教学的。在这 10 余年中，据笔者回忆，全国或省市范围内还未举行过大规模翻译教学研讨会之类的学术活动。翻译教学中存在的问题不少，为什么不组织这样的研讨会开展相关探讨，去解决翻译教学中存在的问题呢？这种情况恐怕和我们的一些片面认识，以及我们对翻译教学和教学研究的重视程度不够有关。翻译教学中的一些问题不能及时得到解决，必然会影响翻译人才培养，最终又必然导致翻译质量、翻译水平的下降。

3. 改革和建议

第一，对翻译教学要足够重视，尤其要加强汉译外教学和口译训练。随着改革开放的深入发展，向世界介绍中国已成为当务之急，再者我们过去一直比较重视外译汉和笔译的工作，对汉译外和口译的工作重视不够。这一点无论是从出版物的数量和质量上，还是从教学方面都可看出。随着对外开放的发展，直接同国外的交流的机会增多，例如贸易谈判、旅游、合资办企业等，口语教学和训练亟须加强。既然全国高等学校外语院系都开设翻译课，应考虑制定一份翻译教学大纲（如同英语文体学教学大纲那样），对外译汉、汉译外、笔译和口译教学提出具体要求，最好能够定性定量，明确教学目的、教学内容、课程设置、学时安排，保证足够的教学时数，做到有纲可循，并要制定相应的检查措施，保证大纲的实施，使翻译教学逐步实现教学内容科学化、系统化。制定大纲前，最好能做一些调查研究，开一些座谈会，搞一些问答卷等，例如听取翻译课教师的意见，对毕业生进行跟踪调查，了解用人单位对毕业生的要求，以使制定出的大纲更具有科学性，切合实际，切实可行。

第二，更新教材。其一，要对原有的教材做比较大的修订。在修订原有教材时，要注意吸收国内外先进的翻译研究和语言学理论的新成果。诸如国内学者有关"等值""形似""神似"，文化背景知识与翻译的关系，文体学与翻译的关系，跨文化交际理论与翻译的关系，文学翻译的创造性原则，汉语句型在英译汉中的适用性等的科研成果。还有国外学者的翻译交际功能理论，符号学翻译原理，语言学翻译理论，文艺学翻译理论等研究成果。要改革现有教材的编写体例，突破只从词、句、语法角度解释翻译的老框框，增加在段落、篇章结构和一定的语境中讲解翻译的内容。选材要精，题材、体裁要多样化。既要有文学名著，又要有反映现实生活的、涉及不同专业的各类文体，不但要选经典作品，也要有时代感较强的新作品。参考译文可选不止一种，以便学生进行比较和欣赏。既要有对翻译理论的介绍，又要有大量的翻译实践；既要有微观的讲解，又要有宏观的论述。

其二，除了修订原有的翻译教材，也应组织全国有关外语院校合作编写新一代的翻译教材。这里尤其要强调的是，应该尽快组织力量编写汉译英的教材和口译教材。当时，西安外国语学院吕瑞昌等编著的《汉英翻译教程》作为唯一一本汉英翻译教材已满足不了汉译英教学的需要。

第三，加强翻译师资队伍的培养，改进教学方法。随着一批具有丰富翻译和教学经验的老教师相继离退休，翻译课教学的重任落在了一批中青年教师身上。这些中青年教师思想活跃，对新事物敏感性强，外语和汉语水平都比较高，有一定的翻译理论知识。但他们一般翻译实践经验不够丰富，没有系统地接受过教学法训练，加之他们往往负担重，因而创造进修条件，提高他们的语言水平和教学水平，扩大其知识面已刻不容缓。

此外，要打破传统的教学方法，改变周而复始的简单的翻译教学法，即学生做翻译练习，教师课外批改，课内讲评的方法。既要有教师的讲评，也要有学生一起参加的讨论，以开拓思路，培养他们独立解决问题和分析问题的能力。既要有就事论事的讲解，又要有对理论、原则的讲述和对技巧的归纳。既要讲授词、句的翻译，又要注重段落篇章的分析，尤其要注重两种语言的比较。对学生的错译和翻译不当之处，要像医生治病那样，既要列出病情，找出病因，又要对症下药进行治疗。有条件的学校可以就学生从词到句、从篇章结构至文化背景知识等各方面的"病译"，系统地进行收集，并进行整理、归纳、分析，开出药方，以便于今后在教学中借鉴。总之，笔者以为翻译教学应重视对翻译原则、方法、技巧的传授。我们给予学生的不应该是金子，而应该是点金术。此外，在课程设置和教学方法方面应该增加翻译实习的时间，可考虑在"三下"或"四上"阶段就安排一些时间进行翻译实习，尤其是口译实习，这有利于学生接触社会，体会翻译工作者的甘苦。同时，学生可向老翻译工作者学习严谨的翻译工作作风，了解自己的弱点，更好地学习翻译理论和训练翻译技巧。

第四，重视使用工具书方面的教育，加强有关汉语和语言国情的教学。学会使用工具书是在培养学生独立翻译能力的过程中必不可少的。难道大学生还不会查词典？实践证明，学生因查阅词典不当而译错的例子屡见不鲜。翻译教师应把教会学生正确地使用工具书作为教学的一个重要任务，并向他们介绍一些使用方法和原则。例如，应读完全文后再去查词典，要根据语境判断词义，在汉译英时，不但要查阅汉英词典、英英词典，为了确定原文的词义还常常要查阅汉语词典。同时要让学生明白，搞翻译不能完全依靠词典，词典只起提示作用。

翻译是一项综合性技能，它首先涉及的是两种语言的熟练程度。现在有的外语院校不太重视汉语教学，在教学中一般也仅注重语法和修辞，而对大量阅读各类汉语作品的要求不高，结果学生仅学了一些语法的条条杠杠和修辞方法，待到做翻译时方恨平时读得太少，表达能力差，词语贫乏，甚至病句连篇。另外，由于知识面狭窄，缺乏对所译语言国家国情的了解，知识性错误比比皆是。因此，翻译课教师应注意收集一些学生汉语译文中的表达错误和欠佳的实例以及知识性的错误，将它们提供给汉语教师和外国概况课教师，请他们针对学生的弱点做一些讲座。这样可以更切合实际，更具有实效。同时，可根据学生的实际情况适当多开设一些汉语选修课，诸如中国古典小说选读、现代散文选读等。这将有助于提高学生的汉语素养。

第五，加强翻译课与各课程之间的协调。翻译能力的提高并非一日之功，要靠长期的知识积累。仅靠两年中每周两学时的翻译课教学难以造就出合格的翻译人才。翻译能力的培养应该说从一开始接触外语就开始了。从课程来看，它至少同精读课、报刊阅读课、语法课、文学课、文体学课、对比语言学课、汉语课和概况课有关。如果各课程教师在教学中都有这样一个概念——我这一课程与将来培养合格的翻译人才有着密切的关系——就会在教学中注意教授翻译人才所必须具备的各种基础知识，并提醒学生注意知识的积累，使学生有比较好的基础知识和比较合理的知识结构。各课程教师平时要保持必要的信息沟通，改变那种各自为政、各课程之间老死不相往来的情况。这样有利于及时解决教学中存在的各种问题，及时弥补某一课程的缺陷。现在有一些学生到了高年级，某些能力反而下降，例如口语能力。高年级不设听说课或口语课，同时很多学校没有开设口译课，是否应考虑在高年级开设口译课作为口语课的继续？

第六，重视培养学生的编译和译述能力。在翻译实践中，我们常常会碰到由于某种特殊需要不宜逐字逐段全篇照译的文章和材料，恰恰需要译者对此进行编译或译述。但由于我们在翻译课教学中没有注重对这种能力的培养，学生毕业后，在工作中碰到这种情况时往往感到难以应对。因为编译或译述往往要比按篇全译付出更为复杂和艰苦的劳动，译者不仅要吃透原作的内容、全文的要旨，还应具备对原作内容进行概括和综合的能力，并用简洁的语言再现原文内容。根据实际工作的需要，我们应该重视对这一能力的培养，在翻译课中适当增加相关技能训练，提高学生综合、归纳、分析、复述或简述的能力。

第七，加强翻译教学研究。要对我们目前的翻译教学中存在的问题做到心中有数，从宏观到微观进行全面的考虑。还要有针对性地组织一些讨论会或研讨会，每次集中研讨一两个问题，力求探究得深一点，透一点，并寻求解决问题的办法。若有必要，可以邀请一部分学生参加座谈。另外，认真研讨教学中存在的问题，寻求解决的途径应该说是教学研究会、翻译研究会一项十分重要的工作，也是其不同于社会上一般翻译研究会和学术团体的一个特色。为了提高外语院系的翻译教学水平，促进翻译教学与研究的发展，培养高质量、高水平的外语翻译人才，若能在近期组织首次全国性的翻译教学研讨会，笔者以为将是一件很有现实和深远意义的事情。

以上仅是笔者的一孔之见，如有不妥之处，欢迎各位专家同行批评指正。

参考文献

- LADO R. Linguistics across cultures: Applied linguistics for language teachers [M]. Ann Arbor: University of Michigan Press, 1957.

八 关于我国翻译专业建设的几点
思考[1]

2006 年初，教育部下发《关于公布 2005 年度教育部备案或批准设置的高等学校本专科专业结果的通知》（教高〔2006〕1 号），宣布设置"翻译"专业（专业代码：0502555，作为少数高校试点的目录外专业），并批准复旦大学、广东外语外贸大学、河北师范大学 3 所高校自 2006 年起招收"翻译专业"本科生。2007 年，上海外国语大学、北京外国语大学、西安外国语大学和浙江师范大学也被批准为招收"翻译专业"本科生的高校。翻译作为一门专业、学科，在我国首次被列入教育部专业目录并被批准招收本科生，就翻译专业学科建设和发展而言，具有十分重要的现实意义和深远的历史意义。这标志着翻译学（或专业）这一学科专业在我国取得了突破性的发展，从语言学、应用语言学中独立出来，成为一门独立的新兴学科，这也同样标志着我国内地高校终于结束了没有独立的翻译专业的历史，更象征着我国翻译专业学科建设新发展的开始。

1. 建设翻译专业的需求分析

需要是发明之母，需求是创新的动力。本科翻译专业的诞生，是时代发展的需要，独立、完整的翻译学科点的建立是我国改革开放深入发展、应对与融

---

1 本文原载《外语界》2007 第 3 期，14—23 页。

入全球一体化进程、不断加强国际交往、对外交流日趋增多的需要，是培养大批高质量翻译人才和翻译事业发展的需要，是学科建设和翻译教育事业发展的需要。据统计，我国目前学习英语的总人数为3亿左右，其中学习大学英语的学生约2 300万，英语专业学生近百万。这样庞大的学习群体，分布在不同地区，学习目标、学习动因、学习条件、学习风格都有很大的差异。关于本科翻译专业的设立，尽管目前仅有7所高校得到教育部正式批准，但已经自行设立、尚未经教育部正式批准的不下几十所，正在筹建翻译院系或准备建立这一专业点的高校更是不下百所。再加上原先已设立的，在外国语言文学和语言学与应用语言学学科点中招收翻译方向的硕士研究生和博士研究生的高校数量就更多了。可以预见，以后的规模至少可达数百所，总人数可达几十万之众。翻译人才作为对外交流的主要媒介，其社会需求价值不断提升，培养高素质、翻译能力强的翻译人才已经成为宏观的社会需求和微观的个人需要，而为了切实保障翻译人才的培养，提升人才素质，设立翻译专业也势在必行。弄清楚这一专业的需求十分重要，教学需求分析做好了，对培养目标、人才规格、课程设置、教学要求、师资培养、教学原则、教学材料、教学方法和手段、测试与评估等的描述和设定也就有了科学的依据和基础，就能有的放矢，满足今天和未来社会对人才的需求，也就更满足学生个人的发展需要。

第一，建立翻译专业能够满足目前和未来改革开放和社会发展对翻译专业人才的需求。本科翻译专业教学体系的创立是为了满足我国改革开放、日益频繁的国际交往和交流对培养大批高素质、高水平翻译人才的需要。改革开放近30年来，我国的经济、科技、文化、教育、外贸和社会各项事业快速发展，取得了令世人瞩目的成绩，经济总量翻了两番之多。2006年，GDP总量已突破20万亿元人民币，超过英国，名列世界第四。科技水平不断提高，载人航天飞船成功发射和回收，高新技术快速发展，缩小了与世界先进国家的差距。文化、教育事业迅猛发展，不断满足和丰富人民日益增长的精神文化需要。九年制义务教育的普及，高等教育由精英教育到大众教育的过渡，大大盘活了有限的教育资源，提高了全民族接受教育的水平，提高了人口的文化素质。社会服务和保障体系不断完善，使民族和社会更加和谐。我国在国际事务中的作用日益凸显，与世界各国在政治、经济、科技、文化、教育、外交、军事等方面的交往日益频繁。刘宓庆（2003）指出，21世纪将会出现3大景观（即科技的发展，全球经济的整合发展，世界文化的多元化、多方位、多层次发展）和3大趋势（即全球交流互动趋势，全球性改革、变化趋势，全球性知识提高、深化和普及的趋势）。而笔者认为，这些景观和趋势有助于形成一个一体化的全球社会（integrated global society），也就是通常所说的经济全球化、科技一体化、文化多元化、信息网络化，有力地促进国际交流互动，从而对作为文化桥梁和沟通媒介的翻译人才、翻译产品产生巨大的需求，并对翻译人才、翻译产品的质量和数量提出更高的要求。随着我国成功加入世界贸易组织，成功申办2008年北京奥运会，成功申办2010年上海世博会，改革开放不断发展和深入，经济、社会、文化等各项事业加速发展，国际交往交流活动增多，各类国际会议频繁召开，对外语人才、复合型外语人才，尤其是各类翻译人才，如高级口译、笔译（技术翻译、文学翻译、文献翻译、专题翻译、同声传译、互译）人才的需求不断扩大。无论是国家或政府在政治、外交、经济、科技、文化、教育等方面的交往与合作，还是企业、学校、社会团体和机构之间的来往与合作都亟须一大批掌握外语、精通专业的翻译人才。高校扩招后，英语专业学科点扩展最快，据教育部有关部门统计：目前我国有英语专业学科点近800个，培养了一大批英语人才。然而传统的纯语言文学人才培养模式往往难以满足目前的经济和社会发展需要。诚如教育部副部长吴启迪在"第二届中国外语教学法国际研讨会"上所说，目前我国英语学习者不断增加，仅在校大学生就有2300多万人；而相应的外语教学仍存在"费时低效"、高层次英语人才（如翻译人才等）和其他语种人才比较匮乏等问题。高级翻译人才，无论是口译人才还是笔译人才（如国际会议同声传译、互译人才、专题翻译人才、文学翻译人才、文献翻译人才、科技翻译人才）都比较匮乏，汉译外人才更是奇缺。翻译人才素质不高、水平不够的呼声不绝于耳；翻译质量下降，高级翻译人才后继乏人、数量不足的事例常见诸报端。近几年来，翻译比赛一等奖屡屡空缺，翻译方向硕士、博士研究生实践能力不强，理论水平不高，研究能力不尽如人意，创新能力不足。研究队伍和学科点数量增加，翻译水平、翻译能力、翻译质量、研究创新能力却没有同步提升，恐与以往翻译人才培养体系不完整，机制不科学、不合理，不无关系。仅有外国语言文学或语言学与应用语言学下面的翻译研究方向的硕士点和博士点，而无本科翻译专业的学科点，恐是高层次、高水平、高质量翻译人才培养体系的一个缺陷，如同无本之木、无源之水，缺乏应有的基础。学科体系不完整、人才培养规格不齐全、教学体系不系统也就难以造就当今社会需要的、能胜任各类翻译工作的高素质的翻译人才。目前，翻译人才的培训已被列为上海市政府"紧缺人才培训工程"的一个项目，而"全国翻译专业资格（水平）考试"（包括资深翻译、一级翻译、二级翻译、三级翻译等）、"上海外语口译证书考试"（如中级口译、高级口译等）、翻译培训等也在蓬勃发展，且人数规模空前。诸多高校，如北京外国语大学、上海外国语大学、广东外语外贸大学、南开大学、复旦大学、苏州大学、中南大学、南京师范大学、湖南师范大学、河北师范大学等都已经设立了不同层次的翻译方向或翻译专业，隶属于翻译学院或翻译系，以培养更多、更好的翻译人才。本科翻译专业学科点的建立，对多层次、多规格翻译人才的培养，对于缓和并最终满足社会各项事业对翻译人才的需求来说，无疑是一件可庆可贺的喜事，令人振奋。

第二，建立翻译专业可以满足学习者个人的需求。首先，在海外相关专业中，翻译已成为相当热门的专业，北美和欧洲的相关高校都设有翻译系。而在我国高校中，翻译类研究生的数量也远远超过语言、文学和语言教学类研究生的数量；在各类资格证书中，翻译证书尤为炙手可热。据上海《新闻午报》2006年9月19日报道，2006年下半年上海外语（中级、高级）口译证书考试于9月17日开考，参考人数达 51 127 人，同比增加 20%。据了解，1995 年开考以来，每年参考人数都以 10% 至 20% 的幅度递增。而口译考试体系也渐趋成熟，从最初的英语高级口译发展到目前的英语基础口译、中级口译、日语口译等 4个门类。有关方面根据社会需要，拟增设商务口译考试。口译考试已经辐射长三角地区，在上海、苏州、杭州、南京、宁波、合肥、无锡等全国 9 个城市开设了考点。参加培训的人数已逾 10 万之众。笔者认为，外语学习者这种渴望提高翻译能力的个人需求动机虽然也有融入性动机（integrated motivation）

的成分，但主要为工具性动机（instrumental motivation），他们渴望获得好的工作、一定的社会地位，但最主要的动机还是求职需要。一方面，做翻译工作收入可观，有较高的社会地位，能够满足诸多外语学习者的从业需求。2005 年 9 月 28 日 "深圳新工作网" 报道，在上海市劳动和社会保障局发布的 "非全日制就业人员工资指导价位表" 中列出的 54 种行业里，同声传译以每小时最高 2 000 元人民币的价格被称为 "金领" 行业。另一方面，口译证书已经成为用人单位的录用标准之一，如 "上海外语（中级、高级）口译证书" 已被上海市约 60% 的三资企业列为招聘中、高级人才的必备证书之一，并有 "愈演愈烈之势"。其次，建立翻译专业是培养合格翻译人才，满足个性化和专业化发展的需要。在以往外语专业的语言技能中，"译" 仅是 "听、说、读、写、译" 5 项技能中的一项，而且此项 "译" 的技能往往服务于语言习得，开展翻译训练仅是为了帮助学习者理解语言的词、句、篇章结构，通过比较的方法，掌握和学会使用语言。因此，翻译教学没有得到足够的重视。建立翻译专业，可以使学习者一开始选择这个专业就有一个十分明确的学习目标：掌握两种语言（扎实的外语、汉语功底），拥有广博的文化知识和一定的相关专业知识，熟悉和了解翻译理论，具备娴熟的翻译技巧和较强的翻译能力，有翻译实践训练的积累，能胜任一般的口译和笔译工作。这也是本科生翻译专业的目标要求。硕士研究生，较本科生应有更强的翻译实践能力，更丰厚的翻译理论基础，并能从事一定的翻译学理论研究；除了较强的翻译实践能力，博士研究生还应具有较强的科研能力，在翻译学理论研究方面有独到的见解和建树。总之，翻译专业的建立，能更好地满足学习者个人的学习、未来发展需求，使学习过程更具有针对性，有利于个性化、专业化的翻译人才的培养和发展。

第三，建立翻译专业可以满足我国翻译学科发展的需要。众所周知，我国翻译学科发展的道路并不平坦。穆雷（1999）指出：翻译学在 1992 年国家技术监督局发布的《中华人民共和国学科分类与代码国家标准》（GB/T 13745-1992）中，被列为语言学（一级学科）中应用语言学（二级学科）之下的三级学科，这一定位限制了整个学科的发展。经过几年的努力，翻译学科得以不断发展。许钧（2001）指出：虽然翻译学科没有获得应有的学科地位，但从学科内涵和学科力量来看，如今的翻译学科不是 10 年前所能相比的。随着翻译学科内涵不断丰富，学术队伍不断壮大，人才培养的质量越来越高，翻译学科的地位必然会得到提高。他进一步强调，在硕士点和博士点的实际建设中，翻译学已经与外国语言学、外国文学成三足鼎立之势。本科翻译专业，无论是在人才培养目标、培养规格、课程设置、教学要求、教学原则与教学方法、教学材料选择、师资队伍培养方面，还是在测试与评估方面，都比外语专业的翻译课程更合乎学习者的需求。无论是起始定位、以往学习的经历、现有的水平、文化知识基础、学习风格与策略，还是学习目标与期望，都将更具体和更具个性特点，有更强的针对性，更有利于专业的发展和学科建设。本科翻译专业的建立与硕士、博士研究生培养形成了一个完整的教育体系、人才培养体系，为翻译学科成为一门独立的、完整的学科开辟了一条崭新的道路，为未来翻译学科的发展和完善奠定了坚实的基础。目前，有关翻译学研究的学术论文、科研课题、学术专著、学术会议、学术期刊、学术研究机构、学术团体都在不断发展。在这种学科发展的大好形势下，越来越多的高校正在筹建翻译系、翻译学院、翻译研究中心、翻译培训中心等教研机构。相关的翻译教材、翻译教学方法与手段、翻译教学实践等也在不断发展，从而进一步充实和丰富学科内涵，拓展学科发展领域，培养和造就更多、更好的翻译人才。翻译专业的发展可以促进学科建设，学科建设的提升可以带动和丰富专业的发展。专业与学科互为依存、互为促进。

简言之，在新的世纪，社会各界对翻译人才的需求量不断增加、翻译学科不断发展的趋势下，设立本科翻译专业，成立翻译系或翻译学院，无疑适应了形势和学科发展的需要，也在组织机构和教育体系上为人才的培养提供了保障，并为本、硕、博不同人才规格的培养建立了完整的体系，为翻译实践、理论建设、科学研究形成了一个完整的支撑体系，必将对专业建设、学科发展起到重要作用。

2. 设立翻译专业的意义和价值

建立翻译专业既是满足社会需求和学习者个人需求的体现，也是我国翻译学科发展的必然。翻译专业的设立对于翻译学科、翻译专业、翻译学、翻译教学体系、翻译人才培养体制和机制的建设，翻译理论研究水平、学习者翻译实践能力的提升，以及学术交流与繁荣局面的形成，都具有现实意义和历史意义。对于形成独立完整的、跨学科的新兴学科，构建具有中国特色的翻译研究理论体系，形成完整的学士、硕士、博士人才教育和培养体系，打造特色鲜明、具有开创性的翻译专业教学大纲（包括人才培养目标、培养规格、课程设置、教学原则、教学材料、教学方法与手段、评估和测试体系等），设立翻译专业都意义重大。

第一，翻译专业的创立，通过"行政的手段"确立了翻译学科、翻译专业的独立的（人文科学）学科地位。当然，任何一门独立的学科，其地位的确定和学科的发展和完善，从来都不是靠"行政"手段解决或完成的，而是建立在对这一学科知识的长期积累和对这一学科本质的认识的基础上的。主要应考虑：（1）研究对象和领域是否清楚；（2）学科性质是否明确；（3）是否构成完整的学科理论和体系（包括是否有分级的范畴，范畴界定是否清楚并且前后一致，范畴是否形成严密的逻辑体系，理论是否普遍有效）；（4）本学科与相关学科的关系是否清楚；（5）是否建有本学科的方法论。学科成熟的一个重要标志是：理论与应用两部分界限清楚，自成体系，并能为其他学科提供理论和方法（杨自俭 2002）。得到行政上的批准，至少可以在组织形式、机构设置、学科点的布局、人事制度等方面得到认可，并可获得相应的保障和地位。至少可以在形式上做到"名正言顺、理直气壮"。以往，因为没有得到管理部门认可，翻译学科确实处于非常尴尬的位置。发展缓慢的症结是学科定位不科学，对专业的设置和建设起着明显的遏制作用，学科的规划与管理也不尽合理，翻译研究得不到应有的支持，翻译学科不具备独立的学科地位（许钧 1999）。翻译专业的设置方式曾有反复，在 1992 年之前，翻译专业的全名为"翻译理论与实践"，是硕士研究生的专业名称，列在文学门类的外国语言文学之下，同"英语语言文学""德语语言文学""俄语语言文学""语言学与应用语言学"等专业并列，这样的学科定位未必科学、合理，但基本上保证了翻译学科的地位，与国际上翻译学科所处的地位大体相同。1992年，国家技术监督局发布了《中华人民共和国学科分类与代码国家标准》，把"翻译学"又降了一级，列在了"语言学与应用语言学"之下，与"语言教学""话语语言学"等并列为三级学科。翻译专业独立学科的地位得不到保证，不利于学科建设，其弊端显而易见。首先，影响了翻译研究的发展。管理部门对翻译研究不够重视，科研立项无论是数量还是级别，都没有达到应有的数量和高度，经费支持也相应地受到限制。一些有价值的项目得不到应有的资助，一些有重大理论和实践意义的研究成果得不到应有的认可，不利于学科的发展与创新，因为被归入了"语言学与应用语言学"范畴，翻译学作为三级学科难以发出自己的声音（许钧 1999）。其次，直接影响了人才的培养。因为没有独立的专业体系，在教学形式和内容上不可能有真正意义上的"翻译教学"。目前的翻译课程和教学基本上只是一种学习外语的手段而已，并不着重培养学生的翻译技能，因此在课程设置、教材建设、师资队伍培养、教学方法和手段、测试评估体系等方面均没有按独立学科的标准形成自己的体系和特色，遏制了翻译人才的培养和学科建设，更无法形成完整的学士、硕士、博士人才培养体系和教学体系，不利于多层次、多规格、多元化人才培养体系的形成，也难以帮助学习者实现从理论研究到实践应用能力的提高。

第二，翻译专业的设立拓展了翻译学的研究领域，提升了翻译从业者的地位，确立了翻译人才培养的体系和机制，丰富了翻译教学研究，有力地促进了翻译学科的发展。首先，翻译学科的发展历史不长，而其成熟的标志之一就是翻译专业的设立和发展。翻译批评史学家 Edwin Gentzler 提出将 1976 年比利时鲁汶会议（Leuven Seminar）的召开作为翻译学学科成立的标志（Gentzler 1998：ix），但更多的学者认为，翻译学成为一门学科是 20 世纪 90 年代的事，因为翻译系或翻译专业在当时得到了空前的发展。目前，许多专家学者已经达成共识，认为翻译可以独立于语言学、文学之外，成为一门跨学科的新兴学科。只有建立系统的翻译教育体系（从学士、硕士到博士），发展单独的、完整的翻译专业才能充分体现出翻译学科的独立性并完善翻译学科建设。其次，翻译专业的设立进一步明确了学科定位，引发了有关部门（如教育部、各地方教育行政部门、各高等院校）配套管理政策的出台，进而为翻译实战人才的培养和培训、翻译教学研究的专业化和系统化，以及翻译理论人才的有序培养创造了良好的条件，使培养者和被培养者心中都有了明确的培养目标和发展方向，可望为我国翻译界（主要包括翻译教学和翻译研究界）培养出具有较高素质的翻译理论人才和翻译实践人才（谭载喜 2004）。同时，也可能为该专业和学科的发展完善、学术繁荣提供必要的财力、物力、人力支持和保障。再次，翻译专业的设立在理论上为提高翻译从业者（包括翻译课教师、各类译员等）的地位提供了保障，确立了专业发展方向和从业人员的学科和学术地位，尤其是对于从事翻译教学研究工作的高校教师而言，职称评定、科研奖励等将更加公平合理。最后，翻译专业的设立丰富了翻译教学研究，使之与外语教学研究区别开来，并改变了"懂外语自然会做翻译""母语与目的语水平高，翻译水平就一定高"等传统观念，鼓励更多的教师关注并从事翻译教学研究，探索更加有效的翻译教学模式、教学策略和评估手段等，促进学科的发展与繁荣。

第三，翻译专业的设立也在一定程度上为解决英语专业与非英语专业之间的争端提供了一个新的视角，并在一定程度上重新厘定了学科分界，使外语人才培养目标更加清晰、明确，有助于外语人才培养机制的多元化与完善。关于英语专业与非英语专业的区分、英语专业的发展趋势问题，可谓众说纷纭。束定芳（2004）指出，目前存在 3 种观点：（1）英语必须与某一专业结合而成为专业；（2）英语专业不能消亡，其传统优势必须保留；（3）英语专业与非英语专业之间没有区别，两者的教学大纲和测试可以合并。持第一种观点者认为：为适应市场经济的发展，单纯的语言文学专业应该转向宽口径、应用性、复合型人才的培养模式。持第二种观点者认为：可以稍微变动传统的英语专业课程，以扩大学生的知识面。学生要有较强的英语技能,较丰富的英语语言、文学知识和较高的人文修养，较宽的相关知识面（何兆熊 2003）。持第三种观点者认为：大学英语专业和非英语专业在能力要求方面有一定差别，但并非质的差别。笔者认为上述不同观点的产生主要有 3 个原因：其一，随着经济全球化、科技一体化、文化多元化、信息网络化的不断发展，传统的学院式的外国语言文学教育难以满足社会对多元化人才的需求，EOP（English for Occupational Purposes）对 EAP（English for Academic Purposes）提出挑战与质疑。其二，基础教育和大学英语教学改革的发展、教学要求的提升，缩小了传统英语专业与大学英语之间的差别，使得某些优秀的大学英语学生的听、说、读、写等语言技能以及英美文化知识面等达到甚至超过了普通英语专业毕业生。其三，英语工具论的观点和"全民学英语"的热潮在一定程度上加深了人们对传统英语专业的质疑，并对英语专业的人才培养目标提出了新的挑战。针对这一问题，束定芳（2004）提出，传统的英语专业可以保留，但应该有明确的专业方向（如语言学、文学、语言教学等），完全不必让各方向的英语专业都成为复合型专业（除非将英语语言文学也称为复合型），也不必让学习英语语言文学的人去学习商务、贸易、营销等方面的课程（他们要求自学或选学以改善自身知识结构的另当别论）。笔者认同这些观点，但以为设立翻译专业将更加有助于明确应用型人才的培养目标，使之有更强的市场针对性和适应性。众所周知，英语专业学生之所以学习商务、法律、外贸、金融等课程，掌握 EOP，提高英汉、汉英翻译能力，在一定程度上是为了满足学习者个体和人才市场的需要，增强求职的竞争力和市场的适应性。而如果将相关学科设置在翻译专业中，则可使传统英语专业摆脱市场的负面影响，更关注学生对 EAP 的学习与掌握情况以及学术研究能力的培养，可谓各司其职，相辅相成。

第四，设立翻译专业具有较强的实践应用价值。这主要是就实际社会及市场需求而言。如前所述，国际交流日益频繁，经济文化不断发展，我国对翻译人才的需求量大增，但目前我国高质量的翻译人才相对匮乏。据 2006 年 2 月 24 日《中国人事报》报道，目前我国翻译人才缺口高达 90%，其中汉译外人才更是奇缺。随着"中国图书对外推广计划"的实施，我国亟须一大批高素质的汉译外翻译人才。据两年前的统计，中国在册翻译公司有近 3 800 家，但大多规模很小，翻译人员多为兼职，专业性不强。另据搜狐网近期报道，我国成为国际会议口译员协会成员（International Association of Conference Interpreters，简称 AIIC，加入该协会在一定程度上意味着同传资格得到国际认证）的口译人员只有 27 人，其中 17 人在北京，10 人在上海。高质量翻译人才的匮乏可见一斑。设立翻译专业对满足市场需求、培养翻译人才具有重要意义。其一，设立翻译专业有助于广大翻译教师和研究者更有效地与国外同行交流，有利于开展翻译理论和应用方面的研究，推动翻译学科的发展和完善，并将研究成果应用到教学实践中去。其二，设立翻译专业有助于人才培养和市场需求的密切结合，充分利用巨大的翻译市场，把它当作实践阵地，实现翻译人才培养的针对性、有效性、科学性和系统性。其三，设立翻译专业有助于繁荣翻译市场，提高翻译产品的质量，促进和繁荣翻译文化事业，从而培育和活跃市场，这在一定程度上促进了教育市场的发展，尤其是培训市场的活跃与繁荣，为教育社会化这一理念提供了实证支持与实践参照。

综上所述，在我国设立翻译专业具有学科理论意义和实践应用价值，有现实意义和历史意义，其专业设置的现状、存在的问题等值得我们探讨与研究。

3. 翻译专业发展与探索

翻译专业的设立获得教育部的批准，是我国翻译学科建设中的一件大事，也是我国翻译界和翻译教学界数十年来勇于探索、注重积累、不懈努力、积极开拓创新的重大成果。一般说来，一个专业和学科的建立需要经历一系列渐进的发展过程：最早为实践经验，对实践经验的科学认识，对实践经验的条理化、规范化、系统化认识，学术活动与学术研究（对该学科的多维研究）和学术交流（学术研讨会和学术论文的发表、学术刊物的创办、学术组织的合作等）的开展，随后为专业与学科的共同发展，最后为学科地位的公众认可和官方的确认。当然，这一发展过程并不完全是线性结构，而是互相交叉和融合的。我国早在 1927 年就出版了蒋翼振的《翻译学通论》，这是他在安庆圣保罗高级中学开设"翻译学"课程时使用的教材（当时的翻译学与现在的翻译学在内容上有很大差异）。后来董秋斯先生于 20 世纪 50 年代初在《翻译通报》上发表《论翻译理论的建设》一文，明确提出建立翻译学的主张，认为翻译理论建设基础有三：正确的科学方法、广泛的调查、深入的研究（董秋斯 1951）。但我国内地的翻译学探索在 1987 年首届"全国翻译理论研讨会（青岛）"之后，才从酝酿进入具体设计阶段。在翻译学发展历程中，相关翻译研究论文的发表、翻译会议的召开等学术活动为翻译专业的设立和学科发展提供了理论支持和铺垫。

随着翻译研究的发展，关于翻译学科建设的探讨越来越热烈、积极。20世纪末，《外语教学与研究》杂志曾以"翻译学科是否是梦"为题唤起学界讨论。2004 年，《中国翻译》就上海外国语大学在"外国语言文学"一级学科授权点的基础上获得了翻译学硕士、博士学位授予权刊载了一系列的文章，引起了较大的学术反响，进一步明确了翻译学科建设方向。同时，随着翻译研究层次的多元化、规范化、条理化、系统化，在翻译史、翻译基本理论、翻译批评、机器翻译、翻译基本方法与原则、翻译技巧、翻译教学理论研究等各个领域和方面也出版了一批具有代表性的著作，这大大促进了翻译学科的建设与发展，其中翻译研究组织的参与促进了学术规范的建立和学术交流的开展。翻译作为一门独立的学科存在并不断发展。1979 年，北京对外贸易学院和上海海运学院开始招收翻译方向的硕士生。1984 年 7 月，国务院学位委员会办公室公布了首批以"翻译理论与实践"这个二级学科为专业的北京外国语大学和上海海运学院的硕士点，以后又增加了近 10 所高校的硕士点。以"外国语言文学"为专业的博士点中，翻译研究方向的博士研究生逐年增加，至今招收翻译研究方向博士研究生的博士点已有近 30 个。随后，北京外国语大学和广东外语外贸大学分别建立了翻译学院和翻译系。1989 年，国家开始为翻译研究设立基金项目，国家教委社科研究项目中也有翻译研究项目立项。1992 年，国家技术监督局发布《中华人民共和国学科分类与代码国家标准》，正式把"翻译学"与语言学下的话语语言学、应用语言学、数理语言学、计算语言学并列起来。1982 年，中国翻译工作者协会（简称"中国译协"，2005 年更名为中国翻译协会，Translators Association of China）成立，之后全国各地先后成立了翻译协（学）会。1994 年，中国比较文学学会内设立了翻译研究会，同年中国英汉语比较研究会成立，内部也设有翻译研究专业委员会，1995 年，中国译协内部也设立了翻译理论与翻译教学委员会；1980 年，《翻译通讯》正式公开出版并于 1982 年成为中国译协的会刊，1986 年更名为《中国翻译》，后来上海市科技翻译学会又创办了《上海科技翻译》（1986 年创办，2004 年更名为《上海翻译》），中国科学院科技翻译工作者协会创办了《中国科技翻译》（1988 年）。此外，全国 20 余家外语学术杂志，如《外国语》《外语与翻译》《外语教学与研究》《外语与外语教学》等都以不同的篇幅刊载有关翻译理论与实践研究的文章，为翻译研究提供了学术交流的园地。

早在明代，我国就建立了第一个培养翻译人员的中央机构——四夷馆，1902 年京师同文馆并入京师大学堂标志着高等学校翻译教育的开始，此后翻译课成为各高校英语专业高年级的重要课程之一，但直至 1997 年 1 月，广东外语外贸大学英语语言文化学院才成立了我国内地第一个翻译系，把翻译作为一门专业（穆雷 1999）。随后，不少外语院校根据社会的需求和自身的专业特点先后成立了翻译系和翻译学院。2004 年 2 月，上海外国语大学在获得"外国语言文学"一级学科授权点的基础上，获准正式建立独立的翻译学学科点，并于 2005 年起招收独立的翻译学硕士研究生和博士研究生。大家知道，在我国，代表学科建设和学科发展方向的是研究生专业的学科体系（辛广勤 2006）；潘文国（2004）认为学科体系分为学科门类、一级学科、二级学科，只有进入二级学科，才是真正具有学术地位的独立学科，而研究方向或三级学科还不能成为真正意义上的学科。从这一视角来看，上海外国语大学（作为我国内地高等院校）在外国语言文学专业下建立了第一个独立的翻译学学位点（二级学科），标志着我国在翻译学学科和学位点建设方面进入了一个新阶段，甚至可以说是进一步增强了翻译学科的完整性和独立性。2006 年，教育部首次将翻译作为一门专业列入本科专业目录备案并批准招生，这标志着翻译学科建设的新起点，在某种程度上为将来把翻译学建设成为独立的一级学科、形成完整的翻译专业教学培养体系奠定了基础。

综上所述，虽然翻译教学在我国高等学校外语专业教学中占据重要地位，但翻译专业（尤其是本科独立专业）在我国尚处于起始阶段，在人才培养目标、规格、教学大纲制定、课程设置、教学材料选择、教学模式、教学方法与手段、师资队伍培养、测试与评估体系等诸方面都需要开展进一步的理论探讨和实践探索。翻译专业和学科的发展虽然比较晚，但我们也应当看到，在高等院校、出版社、专家学者、学术团体、培训机构、科研机构、广大一线翻译课教师等各方的积极努力之下，该学科的建设正面临着良好的发展契机，无论是社会需求，还是学科发展的内在动因都对学科的建设、发展和完善十分有利，可以说正呈现出欣欣向荣、蒸蒸日上的景象。迄今为止，中国对外翻译出版公司、上海外语教育出版社（简称"外教社"）、外语教学与研究出版社、高等教育出版社、湖北教育出版社等在引进、推介、策划出版翻译学著作，推动翻译学的发展方面做出了积极的贡献。中国对外翻译出版公司近年来出版了"翻译理论与实务丛书""刘宓庆翻译论著全集"等数套翻译学论著，内容包括翻译理论、译学名著、翻译史、翻译美学、翻译思想、翻译与语言哲学、翻译实务等领域，有力地推动和促进了翻译研究。外教社除出版了"外教社翻译研究丛书""新世纪高等院校英语专业本科生系列教材"中的翻译教程外，还在引进国外翻译学研究成果方面做了大量的工作。2000年4月，外教社率先从国外几家著名出版社（如牛津大学出版社、培生出版集团、约翰·本杰明出版社、圣杰罗姆出版社等）引进出版了《通天塔之后》（*After Babel*）等12种图书，组成了"国外翻译研究丛书"第一辑；又于2004年5月至6月间推出该丛书的第二辑（共17本），其中既有翻译学的经典著作，也有某翻译流派的代表作。这29本翻译学术著作的出版，在国内尚属首次，在一定程度上满足了译界对教学和科研材料的需求，推动了我国翻译教学与研究的发展，也使我国翻译界的学者们了解了国外翻译学方面的研究现状和最新成果。同时，我国翻译界学者、专家的相关翻译教学与实践类文章也比较丰富，涉及翻译的各个层面：剖析宏观学科建构，对中西文译学构想的内容和架构两方面进行比较（如张美芳2001），对译学研究和翻译学科建设进行理论探讨并提出积极对策（如许钧2001）；注重翻译教学，论述翻译教学研究历史和发展途径（如穆雷1999，2005）；剖析教学翻译与翻译教学的区别，厘清概念（如刘和平2000）；讨论翻译培训问题，就提高翻译培训的效率和质量提出建议（如王立弟2000）；讨论翻译学研究生教学（如穆雷2005）或者为非英语专业学生开设大学英语翻译课程的途径（如蔡基刚2003）；探讨具体翻译教材、翻译测试、翻译教学法等问题，包括提出提高教材质量、建立我国翻译教材新体系的观点（如庄智象 1992，刘季春 2001），提出改革本科生翻译测试（如徐莉娜 1998），探讨网络环境与翻译教学的结合（如封一函 2001），呼唤将"美育"融入翻译教学（如毛荣贵 2003）。随着理论研究意识的觉醒，学者们逐步对研究理论产生了兴趣，有了兴趣就会去著书立说。从黄龙的《翻译学》（1988 年）问世以来，已经出版了 60 余种研究翻译理论的著作（包括翻译史、评论史）及有影响的论文，如杨自俭、刘学云的《翻译新论（1983—1992）》，中国英汉语比较研究会编的《英汉比较与翻译》（已出版 6 辑），这些都将为深入开展翻译专业建设研究打下良好的基础。

一方面我们应该看到进行翻译专业建设和研究的有利因素和条件，另一方面也应看到我们所面临的困难和局限。虽然中国译协及有关学术机构和团体在学术繁荣、理论建设和实践总结、提升方面做了大量的工作，但是，翻译学的学科定位仍然不够清晰。尽管我国前两年已注册登记的各种翻译服务机构已超过 3 800 家，在岗聘任的翻译专业技术人员约有 6 万人，相关从业人员超过 50 万，另有数 10 万人以不同形式从事翻译工作，然而翻译研究机构相对较少，翻译教育、教学研究机构更少，学术交流尚需深入进行，亟须解决的学科建设问题、专业发展问题、翻译市场行业指导和统一监管机制问题，翻译质量不高、高素质人才缺乏问题等，都应立项，作为专门课题进行研究，探索出有效的解决途径和办法。诚如张南峰（1998）所指出的，目前研究翻译的组织少，他期望我国能逐渐形成一支专业的学术研究队伍，建立专门的组织，把翻译学视为严肃的、独立的学术科目，对我国近 2 000 年的翻译现象进行系统研究。在教材建设方面，虽然翻译学专著、翻译教材等的出版和引进取得了一些成绩，学科建设和专业发展也有了一定的积累，但大部分学术积累、学科发展和学术专著主要针对翻译研究或翻译专业硕士、博士研究生的教学和科研，而多数翻译教材主要应用于英语专业教学中的翻译课程教学，服务于语言学习。在教学法研究方面，相关教学探讨主要以传统的英语专业或非英语专业的翻译课程教学（如笔译、口译等）为基础。这些研究成果（如教材、教法、课程设置、测试评估等）如何与外语教学理论相结合？如何将其应用到本科翻译专业建设中？如何将翻译人才培养目标与具体的教学策略结合起来？如何探索出一套有效的、合乎我国国情的本科翻译专业教学体系？如何打造一支高素质的翻译专业师资队伍？在我国本科翻译专业的人才培养目标、培养规格、课程设置、教材建设、教学方法与手段、教学评估、师资队伍建设方面，有很多问题值得我们好好思考和研究。对这些问题进行有针对性的探索和研究，无疑对促进翻译学科建设、完善翻译专业建设具有重要的现实意义和历史意义。

参考文献

- 蔡基刚. 重视大学英语翻译教学 提高学生英语应用能力 [J]. 中国翻译，2003(1)：65-68.

- 董秋斯. 论翻译理论的建设 [J]. 翻译通报，1951(4)：5-6.

- 封一函. 教室网络中的交互式翻译教学 [J]. 中国翻译，2001(2)：37-40.

- 何刚强. 翻译的"学"与"术"——兼谈我国高校翻译系科（专业）面临的问题 [J]. 中国翻译，2005(2)：32-35.

- 何兆熊. 办好英语专业之我见 [J]. 外国语：上海外国语大学学报，2003(2)：46-50.

- 侯向群. 翻译为何不可为"学"？——读《翻译学：一个未圆且难圆的梦》[J]. 外语与外语教学，2000(7)：39-42.

- 刘和平. 再论教学翻译与翻译教学——从希拉克信函的翻译谈起 [J]. 中国翻译，2000(4)：40-45.

- 刘季春. 调查与思考——谈建立我国翻译教材的新体系 [J]. 中国翻译，2001(4)：49-53.

- 刘宓庆. 翻译教学：实务与理论 [M]. 北京：中国对外翻译出版公司，2003.

- 毛荣贵. 翻译教学呼唤"美育"——评阅 TEM 8(2002) 英译汉试卷有感 [J]. 中国翻译，2003(1)：73-77.

- 穆雷. 中国翻译教学研究 [M]. 上海：上海外语教育出版社，1999.

- 穆雷. 翻译学研究生教学探讨 [J]. 中国翻译，2005(1)：56-61.

- 潘文国. 论"对外汉语"的学科性 [J]. 世界汉语教学，2004(1)：11-19.

- 束定芳. 外语教学改革：问题与对策 [M]. 上海：上海外语教育出版社，2004.

- 谭载喜. 翻译学：作为独立学科的今天、昨天与明天 [J]. 中国翻译，2004(3)：31-32.

- 王立弟. 翻译培训的创新 [J]. 中国翻译, 2000(5): 34-36.

- 辛广勤. 大学英语是不是一门学科?——大学英语学科属性的宏观思考及其他 [J]. 外语界, 2006(4): 13-20.

- 许钧. 译学探索的百年回顾与展望——评《论信达雅——严复翻译理论研究》[J]. 中国翻译, 1999(4): 48-50.

- 许钧. 切实加强译学研究和翻译学科建设 [J]. 中国翻译, 2001(1): 2-8.

- 徐莉娜. 关于本科生翻译测试的探讨 [J]. 中国翻译, 1998(3): 30-33.

- 杨自俭. 我国译学建设的形势与任务 [J]. 中国翻译, 2002(1): 4-10.

- 张美芳. 中国英汉翻译教材研究 (1949—1998)[M]. 上海: 上海外语教育出版社, 2001.

- 张南峰. 从梦想到现实——对翻译学科的东张西望 [J]. 外国语, 1998(3): 40-46.

- 庄智象. 翻译教学及其研究的现状与改革 [J]. 外语界, 1992(1): 10-17.

- GENTZLER E. Foreword [C]// Bassnett S, Lefevere A (eds.).Constructing cultures: Essays on literary translation[C].Clevedonetal: Multilingual Matters, 1998: ix-xxii.

第三部分

出版

导　言

　　出版篇是作者长期从事编辑、出版、经营管理工作，在外语教育与出版研究方面进行的一些思索、体悟和探究。第一篇阐述了一流外语学刊和一流外语学科的互动发展关系。第二篇是关于外语出版为外语学科、外语教育服务的成功案例，揭示了外语出版与外语学科、外语教育之间的内在联系和互动关系。

　　《建一流外语学科，办一流外语期刊》是在国家外语一流学科建设的大背景下撰写的。一流学科建设离不开一流期刊的支持。长期以来，外语期刊殚精竭虑，服务于学科建设与发展。文章简要介绍了我国主要外语期刊的状况，指出了存在的问题与挑战，阐述了新形势下的责任、担当和应对之策。

　　2007年1月，由牛津大学出版社授权出版的《新牛津英汉双解大词典》出版发行。2013年6月，《新牛津英汉双解大词典》第二版出版发行。该项目早在2001年即由上海外语教育出版社启动，历时六个寒暑，耗资数百万元，成功推出首版。第二版的修订工作在第一版出版后不久即着手进行，同样历时六年，出版人员同样付出了巨大而艰辛的努力。辞书编纂出版是外语学科建设的基础性工程，将大型英语原版词典编译成英汉双解版在我国更不多见。该词典自2007年问世以来，因内容权威、信息广博实用、编纂理念先进而得到了国内外读者的高度关注和充分肯定。在近年辞书市场发生

重大变化的环境下，该词典能取得经济效益和社会
效益的双丰收实属不易，被视为国内外合作出版和
辞书出版的经典案例。《一个值得记录的成功出版
项目——以〈新牛津英汉双解大词典〉为例》全面
阐述了该词典编译出版的历程，以及相关经验和
思考。

九 建一流外语学科，办一流外语期刊[1]

　　2017 年 9 月 21 日，教育部、财政部、国家发展和改革委联合发布了《关于公布世界一流大学和一流学科建设高校及建设学科名单的通知》，正式确认公布了世界一流大学和一流学科（简称"双一流"）建设高校及建设学科名单。首批双一流建设高校有 137 所，其中一流大学建设高校 42 所（A 类 36 所，B 类 6 所），一流学科建设高校 95 所，双一流建设学科有 465 个，其中自定学科 44 个。外语院校没有入列一流建设高校名单，但外语学科入列了一流建设学科名单。北京大学、南京大学、北京外国语大学、上海外国语大学的外国语言文学学科入列了一流建设学科名单。湖南师范大学和延边大学的外国语言文学学科由学校自定为一流建设学科。方案颁布后，六所入列院校积极行动起来，开展各种调研活动，召开各种研讨会、论证会、咨询会、高峰论坛等。各所院校竭尽全力筹划和设计建设蓝图，对标建设目标、任务要求，对表时间节点，采取各种有效措施，摸清现状，寻找短板与不足，探究对策，调整政策，建立有效机制，保证一流学科建设任务的有效推进和完成。几乎所有的 985 高校都肩负着一流大学建设重任，其所属的外语院系亦动作频频，积极策划、设计和组织各种会议和活动，以期借助建设一流大学的契机，助推和带动外语学科的建设与发展。各校外语院系期望将外语学科的建设融入一流高校建设之中，加

1　本文原载《编辑学刊》2020 年第 2 期，6—11 页。

快外语学科的高质量发展，借助双一流建设，整体推进我国外语学科的建设与发展，尤其期望提升教学质量和水平、人才培养水平、科研能力和水平、教师发展和队伍建设水平。建一流队伍，出一流成果；出一流成果，育一流人才。双一流建设发展势头强劲，令人鼓舞。高校的外语期刊在双一流建设中，应有怎样的担当？在出一流成果，育一流人才的过程中，应该做些什么？从一定程度上来说，有一流学科，就能产出一流成果；有一流成果，就能造就一流期刊；有一流期刊，就能服务和促进一流学科建设。一流学科和一流期刊互为依存，互为支持，互为拉动。外语期刊在外语一流学科建设中的作用至关重要。本文就外语期刊的现状、问题和对策做一探讨，并希冀外语期刊在外语一流学科建设中发挥应有的作用，抓住机遇，建设和办好一流期刊。

1. 外语期刊的概况

据不完全统计，目前全国按规定正常出版发行的外语期刊有 50 余种，分别由各高等院校主办，教育部或有关部委、教育厅或教委主管。除《中国俄语教学》《日语学习与研究》外，大多数期刊都刊载英语语言文学、教学和研究方面的论作，也不时刊载德语、法语、俄语、西班牙语、日语等方面的研究论文。此外，《中国翻译》《上海翻译》《中国科技翻译》属翻译学术类期刊，《外语电化教学》为教育技术类期刊。大多数外语期刊创刊于改革开放初期和中期，少数于近几年创刊。在 50 多种期刊中，属 CSSCI 来源期刊的有 11 种：2019 年至 2020 年分别是《外语教学与研究》《外语界》《外国语》《外语教学》《外语教学理论与实践》《外语电化教学》《外语与外语教学》《现代外语》《中国外语》《上海翻译》《中国翻译》。文学类的 CSSCI 来源期刊有《当代外国文学》《俄罗斯文艺》《国外文学》《外国文学》《外国文学评论》《外国文学研究》，还有几种 CSSCI 来源辑刊，共 10 余种。非 CSSCI 来源期刊和普及性期刊有 20 余种。这些刊物大多数是双月刊和季刊，有数家为半年刊，大部分期刊每期发表 10～15 篇论文，一般设有 5～7 个栏目，内容涉及语言、文学、翻译、外语教学、跨文化交际、教师发展、测试、书刊评介等。既有宏观层面的探索，也有微观层面的讨论和研究，基本涵盖了外语教学的各个领域，总体上反映了外语学科的建设、发展水平和学术成果。这些期刊为外语学科的建设、学术繁荣、人才培养、文化传承与传播、国际交流与合作做出了积极的努力和应有的贡献。在一定程度上说，期刊的高度、期刊的质量和水平，反映和体现了学科的高度和水平，反映和体现了学术研究的深度和水平，反映和体现了教学、科研的质量和水平，反映和体现了教研队伍的素养和水准，反映和体现了学校的整体高度和水平。也可以说，外语期刊的整体办刊水平和所刊载的论作，在一定程度上反映和体现了整个国家的外语教育、教学、科研和学术水平。由此可见，办好期刊职责重大，使命光荣，任重道远。

2. 外语期刊面临的问题与挑战

经过 40 多年的发展，我国的外语学术期刊为外语学科建设、学术繁荣、人才培养、文化传承和传播、服务社会、国际交流与合作做了大量的工作。通过引进、介绍、消化、吸收、创新，外语学科期刊与国际知名高校同类学科期刊的差距，以及与海外同类学术期刊的差距均大大缩小。今天，期刊的栏目、发表的论文、探讨的话题和规范基本上能达到同步发展，不少期刊被评为最具国际影响力的学术期刊便是例证。但是，国内期刊所肩负的任务和使命仍然任重而道远。主要差距、问题或不足见下文。

2.1 同质化现象严重

有相当一部分期刊存在着同质化现象，就刊文而言，不少期刊非常相似或接近。仔细阅读办刊宗旨，类似的不少，有些甚至基本相同。栏目雷同的更甚。一篇论文可用于多家刊物。一篇上乘的论文数家刊物争相刊发。这个问题外语期刊界讨论多年，并多次呼吁避免同质化，各刊应调整定位，办出特色，但收效甚微。

2.2 缺乏特色，缺乏个性

办刊宗旨、栏目雷同，常让作者、读者很难辨认和区分刊物各自的特点和个性，感觉各刊物内容差不多，仅刊名、主办单位、主编不同而已。刊物缺乏鲜明特色，缺乏独特的栏目，难以树立品牌，彰显特色，久而久之，容易随波逐流，难以根深叶茂。有的将学术期刊（journal）办成杂志（magazine），缺乏关注的重点，杂而散，散而泛，难以聚焦，常常出现定位游离、漂浮的现象，左看右看，跟风向，种他人的地，荒了自家的田。

2.3 编审力量不足

对照教育部和全国高校外语学刊研究会已有的规定，以及建议的人员编制和数量，季刊、双月刊的编校人员往往捉襟见肘，仅能应付日常工作。有的刊物甚至无专职人员或仅有 1 名专职人员，且通常是处理各种杂事的编务人员，其他工作全靠兼职人员维持，难免出现缺少长期发展规划、详细的年度组稿和工作计划，办刊水平提升缓慢，编校质量参差不齐等现象，有时甚至导致把关不严，让不够水准的论文混了进来。

2.4 重视不够，创新不足

由于人员不够，编审力量不足，不少编辑部的人力仅能处理和应付日常工作。更有甚者，不少学校和单位平时对期刊工作不够重视和关心，仅在统计科研成果或要发表论文时，才给予一时的重视，期刊工作未能安排进日常议事日程。职能部门和领导部门很少将期刊的发展目标、提升计划、开拓创新和日常管理工作作为一项重要的工作，未能很好地将期刊工作与学科建设和发展列入互动发展的规划内。久而久之，业绩平平，难有创新，更难创品牌。

2.5 缺乏标志性的、原创性的成果

外语学刊主要刊载普通语言学、应用语言学、翻译、外语教学、跨文化交际等方面的论文。不少文章的内容是介绍和诠释西方某一语言学、文学理论或流派的学术观点或理论体系，缺乏原创性成果。开展学术研究应该鼓励学术观点的交流、介绍，解读、刊载西方学术观点和学术体系是必要的，但不能停留于此，而应使其为我所用，将其与我国的外语教育教学、学科建设和学术研究

的实践相结合，通过介绍、引进、吸收、消化，将其融入自己的学术研究体系，不断创新，尤其要挖掘扎根于中国大地的原创性、标志性成果，建立我国的学术研究体系或学术流派，产出自己的研究成果，从而促进和服务于我国外语学科的发展。

2.6 期刊存在着一定程度上的"关门办刊、闭门造车、自娱自乐"现象

在学科建设和学术研究中，有众多问题亟待探讨研究。在外语教学与研究中，师生们，尤其是硕士生和博士生，对学刊有很高的期盼，希望学刊刊载的成果能够回答他们的疑问或困惑，提供参考借鉴。目前，不少期刊在不同程度上存在以编者或主编的偏好编发稿件的问题。供给侧与需求侧对接不紧，难免产生供需脱节、不对口的问题，难以满足需求，更无法引领发展。

2.7 学术规范执行不严，关系稿、人情稿等无法完全杜绝

尽管几乎所有的期刊编辑部都制定了严格的审稿制度和程序，有匿名审稿制度，但编辑部审稿人员的意见仍有可能左右稿件的命运。制度和程序执行不严，编辑的学术信息、学术水平、学术偏好、学术素养等都会影响到稿件的取舍，各种社会关系也会在一定程度上影响到期刊的办刊质量和水平。

2.8 不正当地抱团取暖，影响了期刊的客观评价

有的期刊为了入选"核心期刊"或提升在"核心期刊"中的排名，在刊载论文时鼓励和要求作者多引用该刊的论文，以争取更高的引用率和影响因子。此风气目前仍有蔓延之势，不利于正确评估期刊的办刊状况，也不利于学科的建设和健康发展。

2.9 学术讨论、争鸣交流不够

30余种期刊，每年刊载数千篇论文，论文大多数是论述性、阐释性的，甚至格式、形式相同，论述风格和文体接近。讨论不同学术点的文章、争鸣文章难得一见，这不利于开展学术交流、发表不同见解、促进学术繁荣。

2.10 专题研讨，尤其是针对热点问题的研讨甚少

尽管有些期刊每年组织一定数量和规模的学术研讨会、高峰论坛等，但往往流于形式，表面上轰轰烈烈，实际未能展开深入的研究和讨论。

3. 对策与出路

3.1 调整定位，固牢定位，明确任务使命

在新时代、新理念、新思想、新战略、新任务的要求和历史条件下，尤其是在高校双一流建设中，外语期刊应根据自己的办刊历史、学校定位、学科优势、学术特长、人才队伍和学术资源等，主动调整定位，积极融入外语一流学科建设，精准定位，坚定地做好支持工作，服务好一流学科的人才建设，催生、呈现一流成果。外语期刊应服务于学科建设、学术研究、人才培养、文化传播和传承、国际交流与合作，在服务中求发展，在发展中提升办刊质量和水平，与一流学科建设同步发展。

3.2 始终坚持正确的导向

外语期刊在任何时候都应牢牢把握好正确的政治导向、学科导向、学术导向、研究导向。要坚持问题和目标导向，紧盯学科前沿，坚持原创，对接国家发展战略和需要，坚定服务于学科建设、学术研究和人才培养。既要满足学科建设需要，又要引领学科发展。在选题、内容、形式等各方面，要坚持正确的导向，不动摇、不偏航，确保期刊科学、健康、可持续发展。

3.3 坚守办刊宗旨，做到守正创新

外语期刊应按照各自的定位和办刊宗旨，各就其位，各司其职，各尽所能，各显特色。明确自己的发展方向，选择好路径，制定好规划（尤其是中、长期规划）。人无远虑，必有近忧。组织和策划好每一期刊物，精心编排好每一个栏目，编审好每一篇文章，扎扎实实工作，坚持数年，必然见效。根据学校在学科背景、人才结构、学术资源、品牌建设以及作者、编者和读者等方面的特

点和优势，加强定力，与时俱进，守正创新，久久为功。

3.4　办出特色，切忌跟风

每一家期刊的诞生和运营都有其特殊的背景和条件，一旦确定宗旨、栏目，切勿朝令夕改，摇摆不定。目标明确后，就应坚定不移、坚持不懈地努力去实现。要有自己的志向与追求，切忌跟风、一哄而起。无论是栏目、选题内容、形式、版式、装帧，都应有自己的个性与特色，这是期刊存在的价值和意义。只有这样，才有可能做出品牌，成为"名牌"。

3.5　重视和关注技术的发展

当今世界，数字技术飞速发展，若不审时度势，跟上历史前进的步伐，把握和充分利用好信息技术，服务于期刊的编辑、出版和传播工作，期刊的建设与发展将是一句空话。要将内容与数字进行深度融合，实现传统出版与数字化、网络化的深度融合，加强新媒介和手段的运用、开发，增强传播能力，提升传播效能。

3.6　加强与国内兄弟期刊的交流，加强与海外期刊的交流与合作

要加强期刊间的交流与合作，尤其是同类期刊之间的学术交流、合作和信息沟通、项目合作、栏目合作、选题合作、问题探讨等。只有交流合作，相互取长补短，共同面对挑战，迎接机遇，构建学术共同体，才能构建具有中国特色的学术期刊、学术体系，提升中国的国际话语权。通过加强与国际上有影响力的学术期刊的交流与合作（包括共同举办学术研讨会，开展栏目合作、人员交流、学科学术发展趋势研判活动），提升办刊能力和水平。

3.7　建立和培育好队伍

要办好一流学术期刊，队伍是关键。一流的编辑队伍（主编、编辑部主任、编辑人员）、一流的作者队伍（一流的学术视野、一流的学术水平、一流的学术成果）、一流的读者队伍，这三支队伍是办一流期刊的基础和根本，无论花

多少力气去建设和发展都不为过。

此外，体制、机制、政策、办刊条件、编辑队伍培养诸方面因素也会影响到办刊的质量和水平。

外语期刊是外语教师、外语科研人员、研究生的学术和精神家园，也是大学教育理念、思想、教育、教学和学术成果交流和传播等大学功能与服务的延伸和拓展。重视和支持外语期刊的建设与发展，出更多更好的一流外语学术成果，对建设一流外语学科至关重要。支持外语期刊的质量和水平的提升，将更好地服务于教学、学术研究、人才培养、文化传承与传播、国际交流与合作，也必将更好地服务于双一流建设。

参考文献

- 庄智象. 以个性求出路 以人才求发展——我国外语学术期刊的现状、挑战与对策 [J]. 编辑学刊，2006（4）：60-64.

- 庄智象. 新时代大学出版社的坚守与创新 [J]. 现代出版，2018（1）：58-62.

- 庄智象，陈刚. 外国语言文学一流学科建设呼唤深度融合 [J]. 外语教学理论与实践，2018（4）：1-6.

- 庄智象. 牢记使命，守正创新 [J]. 外国语，2018（6）：56-60.

十　一个值得记录的成功出版项目
——以《新牛津英汉双解大词典》为例 [1]

2007 年 1 月 5 日，由牛津大学出版社授权出版的《新牛津英汉双解大词典》出版发行。2013 年 6 月 2 日，《新牛津英汉双解大词典》第二版出版发行。该项目早在 2001 年即由上海外语教育出版社启动，历时 6 个寒暑，耗资数百万元，成功推出首版。第二版的修订工作在第一版出版后不久即着手进行，同样历时 6 年，出版人员同样付出了巨大而艰辛的努力。辞书编纂出版是外语学科建设的基础性工程，将大型英语原版词典编译成英汉双解版在我国更不多见。该词典自 2007 年问世以来，因其内容权威、信息广博实用、编纂理念先进而得到了国内外读者的高度关注和充分肯定。在近年辞书市场发生重大变化的环境下，该词典能取得经济效益和社会效益的双丰收实属不易，被视为国内外合作出版和辞书出版的经典案例。作此文，以供同行参考。

1. 授权：柳暗花明

谈起《新牛津英汉双解大词典》的授权，还有一段鲜为人知的故事。1999 年初，牛津大学出版社以招标的方式在中国上海寻找合作伙伴，授权在中国出

1　本文原载《现代出版》2015 年第 2 期，56—60 页。

版发行其刚出版的一套牛津百科系列词典和《新牛津英语词典》。上海外语教育出版社（简称"外教社"）当时正在努力调整图书产品结构，试图打造多个支柱性产品群，其中之一就是研发双语词典。1999 年 5 月，牛津大学出版社决定将牛津百科系列词典授权外教社在中国大陆出版发行，将《新牛津英语词典》授权上海远东出版社编译成英汉双解版在中国大陆出版发行。说实话，当时得知竞标结果，我们既高兴又沮丧。高兴的是获得了牛津百科系列词典的授权，可根据中国读者的需要重印出版，而后根据不同主题有选择地进行本土化改编。此举将大大提升外教社在专业辞书出版领域的影响力和市场号召力，同时加快外教社辞书研发的步伐和辞书编辑队伍建设。沮丧的是，外教社渴望得到《新牛津英语词典》双语版授权，并借此占据辞书出版制高点的愿望落空了。

上海市新闻出版局和牛津大学出版社非常重视这两个项目的合作。1999年 7 月，上海市新闻出版局、牛津大学出版社为这两个项目专门举行了授权签字仪式。时任上海市新闻出版局局长孙颙、党委书记钟修身、副局长楼荣敏等局领导和有关处室的负责人，专程从英国飞抵上海出席签字仪式的时任牛津大学出版社社长和上海出版界及全国各大有关新闻媒体的记者朋友 60 余人到场见证了合作出版的签约。此后数年，外教社辞书编辑室的同人们全身心投入到牛津百科系列词典的出版工作中，先后出版了 40 种重印版，又从中挑选出 10 种，以双语形式出版。重印版和双语版均获得了较好的社会效益和经济效益。

与此同时，上海远东出版社也积极行动起来，在全国物色《新牛津英汉双解大词典》的主译人选，组织编译队伍，制定编译条例和相关制度，并为主要编译人员提供各种工作和生活条件。但不知何故，词典的编译工作迟迟不能全面启动。2001 年 5 月初，我与时任上海远东出版社社长的杨泰俊先生等 10 余人一同前往美国参加书展。记得在去首都机场的路上，杨社长问我是否愿意帮忙接手《新牛津英汉双解大词典》的编译和出版任务。他告诉我，他们社对这个项目看法不一，而且能集聚的编译力量有限，他们准备放弃这部词典的编译和出版任务。若无人接手，他们不仅将承担合同违约责任，导致信誉受损，而且要在经济上遭受近百万元预付款被没收的损失。考虑到上海远东出版社前期已经做了一些工作，杨社长本人也为此项目花了不少精力，我当即承诺："词典出版后，外教社愿意向贵社提供 1 万元人民币的转让佣金。"结果在抵达机场之前，这个项目的转让意向就基本达成了。其余的细节问题，我与杨社长在书展期间亦一一进行了探讨并取得了一致意见。书展结束返沪后，外教社便开始着手《新牛津英汉双解大词典》的编译和出版的接盘工作。此后，整整 6 年时间，一个团队，多个部门，几十个人，全身心地投入到此项工作中。

2. 谈判：好事多磨

外教社接盘《新牛津英汉双解大词典》项目后，便要求上海远东出版社将相关的材料，包括合同、编译要求、体例、已定稿的编译样稿等，悉数转移至外教社。在仔细审读合同条款后，我们觉得有些条款不甚合理，按照版权贸易的国际惯例，有些权益没有获得，有些条件可以再谈。在合同条款中，英汉双解词典的版税按词典定价的 10% 支付，明显不合理。按照国际惯例，这通常是购买重印权或影印权的版税，对于英汉双解词典而言，版税显然是高了。因为双解版所需的翻译费、审校费、编辑费、录入费、排版费、校对费和业务管理费等是一笔巨大的开支，与审读和稍加编辑后便直接重印出版相比，无论是费用，还是所付出的精力和劳动都要大得多。更何况在全部内容中，汉语部分至少占到 35%～40%。目前中国市场的图书定价，除了考虑内容的价值，很大程度上要参照印前成本和纸张、印刷等直接成本。如此计算和平衡，双解版词典的版税应介于影印版和翻译版之间，在 6%～7% 之间较为合理。这么一部超过 2 000 万字的鸿篇巨制，编译、审订、编辑、排版、校对，决非一蹴而就，而是需花多年时间才能完成。其间，市场将是一个空白，而此辞书又是教师、学生、科研人员和英语学习者急需的。应该将词典的影印出版权拿下来，先影印出版发行。一方面，单语版词典可满足教学、科研、学习之需，填补双语版问世之前的市场空缺；另一方面，单语版词典的营销推广可为双语版日后的面世起到宣传作用。此外，《新牛津英汉双解大词典》是一本大型工具书，语料丰富，覆盖面广，兼具语文和百科词典的功能，释义和例证权威可靠，出版后应该根据不同的读者群体和不同层次的使用者的需求开发相应的衍生产品，尽可能做到对资源的科学、合理配置，物尽其用。鉴于上述多重考虑，外教社与牛津大学出版社就有关版权条款、授权形式、年限等进行了再次沟通和谈判，经过多轮磋商，牛津大学出版社同意授权外教社首先出版单语版，并应允，在双语版出版后，授权合作出版各种衍生产品，同时明确双语版版权由两社共同持有。遗憾的是，双语版的版税，牛津大学出版社坚持不妥协。

在重新审核、梳理《新牛津英汉双解大词典》的合同条款并与牛津大学出版社进行了深入、友好的沟通和谈判，明确了双方的义务和权利后，外教社便按合同界定的内容，积极稳妥地推进项目的各项工作。首先，审读、编辑出版了单语版词典。同时，有条不紊地推进双语版的编译、审订、编辑、排版、校对工作。在此期间，外教社与牛津大学出版社，尤其是牛津大学出版社香港分社保持密切的联系，就编译中出现的问题，及时进行沟通、磋商，保证了词典的编译质量和进度。在双语版初稿基本完成时，牛津大学出版社提出购买该词典汉语版的版权，并要求一次性买断。其实如果条件合适的话，外教社是非常愿意合作的，因为牛津大学出版社将词典的英语版权转让给了我们，我们将汉语版权再转让给他们是顺理成章、互惠互利的好事。但出乎意料的是，谈判一开始就陷入了僵局，并就转让版权价格进行了将近两年的拉锯战。牛津大学出版社甚至提出，外教社如当年 11 月底前不同意转让版权，他们将重新组织人员编译，然后终止与外教社新项目的合作。面对牛津社咄咄逼人的气势，我们并没有退让，而是据理力争。一方面，反复强调外教社的合作原则"相互尊重，相互信任，互惠互利"，晓之以利害关系：一、按目前的状况，牛津大学出版社很难再组织起比外教社更强的编译队伍，因为中国辞书编译的主要力量都不同程度地参与到了此项目中。二、合作历来是互惠互利的，何况在这个项目上外教社并没有处置不当，若牛津大学出版社一意孤行，从短期看，得不到任何眼前利益，从长期看，更是会失去一个很好的合作伙伴。无可否认，在双方近 20 年的合作中，牛津大学出版社在中国的认知度、认可度不断提升，外教社功不可没，牛津大学的不少专业图书，若没有外教社的合作，恐很难有如此好的市场影响力和号召力。另一方面，向学校领导汇报情况，希望获得学校层面的理解和支持。同时，抓紧推进双语版的各项工作。

在此期间，牛津大学出版社负责此项目的版权经理届龄退休，牛津大学出版社重新整合海外业务，亚太地区的业务由该社纽约分社接手。这一变故为双方打破谈判僵局创造了有利条件。不久，牛津大学出版社纽约分社委托牛津大学出版社香港分社的版权经理与我们进行沟通，表达了继续合作的愿望，并提出可以商讨双方认为更合适的合作模式。获此信息，我们提出按照国际版权合作惯例，以版税方式进行合作或转让的建议。这样既可风险共担、利益共沾，又较一次性买断更为合理，更能调动双方的积极性，保证项目按质、按量、按时完成。半年后，恰值北京国际图书博览会举办之际，牛津大学出版社纽约分社的负责人邀约外教社就此项目的版权合作事宜在北京进行磋商。几经博弈，终于，一场旷日持久的艰难谈判修成了正果。此次经历让外教社深深体会到：在业务合作中，碰到棘手的问题，特别是遇到难对付的谈判对手（hard negotiator）时，更应沉得住气，要敢于坚持原则、守住底线、据理力争，将原则性和灵活性有机地结合起来，大事讲原则，小事讲风格，这样既能得到对方的尊重和理解，又能化解分歧，达到预期的目的。

3. 制作：精益求精

与牛津大学出版社谈妥《新牛津英语词典》单语版和双语版及衍生产品的出版合作条件并签订合同后，外教社便集中精力投入到该词典两个版本的编辑出版工作之中，尤其是辞书事业部的领导和编辑们，认真思考，组织策划，安排落实单语版的审读、修改、编辑出版，按照双语版的编译、审订、编辑、排版、校对等各项工作的目标和要求，梳理每一项任务的操作步骤和监控要求，做到目标明确，任务清晰，步骤程序合理、可靠、有效，监控要求细致到位，以保证单语版和双语版的审读、编译、编辑出版的高质量和高水平，达到与牛津原版词典同等的品质。

经过一年的努力，《新牛津英语词典》单语版按合同要求如期出版发行。首印 2 万册，很快便售罄。市场反响热烈，词典深受读者欢迎和好评。如何保证双语版的编译质量、水准，使其同单语版相比，更上一层楼，成了我们关注的重点。外教社针对上述问题与有关专业人员进行了充分的商讨，并借鉴外教社之前与剑桥大学出版社合作出版《剑桥国际英语词典》（双语版）的经验与教训，制定了编译原则和要求、工作条例、编译细则、编译人员条件、编译管理制度和程序、编辑加工要求和程序等几十个工作制度和条例。制度制定完毕后，便安排几名编辑和审订人员试译样稿，然后根据试译中发现的问题制定相关要求和说明，以避免全面展开编译时"无法可依"、无章可循。随后便面向英语专业研究生、英语教师、翻译人员、英语编辑等招收编译人员。经过层层选拔，很快组成了一支几十人的编译队伍，并对其进行培训。培训结束后，编译人员试译若干词条，编译质量达到外教社特聘审订专家的审核标准后便开始正式的编译工作。在整个编译过程中，为了避免重蹈《剑桥国际英语词典》（双语版）的覆辙，我们建立了一项十分有效的工作机制：凡编译完的稿件，须由审订专家审读、验收合格、签署意见后才发放酬金，达不到要求的必须重来。《新牛津英汉双解大词典》项目实行优质优酬，从程序和机制上保证了编译的质量和水准。当然，仍然有若干编译人员因受不了严格的程序和质量要求而退出。同时，外教社根据审订的要求，从全国高校翻译、出版界中聘请了四五十位审订专家，专门从事审订工作，保证了质量和进度。若没有这批专家的支持和帮助，仅靠外教社一己之力根本无法完成要求甚高的审校任务。他们的敬业精神、专业精神、职业精神，深深打动并激励着外教社的同事们。经过 3 年多的编译和审订，基本上达到了预期的目标。其间，外教社一再重申，为保证编译、审订、编辑的质量，决不因赶时间、赶进度而牺牲质量。词典基本定稿后，牛津大学出版社提出要抽查编译、审订质量。经过抽查，牛津大学出版社对词典的编译、审订和编辑质量表示满意。前后 6 年多时间，2 000 多个日日夜夜，终于完成了这一鸿篇巨制的编译审订、编辑、排版和校对出版工作。有专家感叹，外教社做了一件使不可能成为可能（make impossible possible）的事情。通过该词典项目的营运，外教社充分体会和认识到：做任何事情都必须认真，不认真干不好事；必须努力，不努力难以成功；必须有严格的管理制度，没有规矩不成方圆，没有制度难言高效有序。

4. 营销：环环相扣

经过 6 年的努力和辛勤耕耘，上百位编译、审订、编辑、校对人员的通力合作，各方面的鼎力帮助，《新牛津英汉双解大词典》终于在 2007 年初问世。这一双解词典中的扛鼎之作的出版，引起了辞书界、学术界、出版界、外语界和媒体及电子公司的高度关注。为了做好这部倾注了数百人心血的双语版词典的出版发行工作，外教社精心策划组织了一系列的营销、推广活动。

首先，我们策划组织了隆重的新闻发布会暨首发式，邀请辞书界、翻译界、出版界、外语教育界、新闻界、外事部门的领导和合作出版方以及相关出版社的工作人员等 300 余人出席。会上各界代表对出版该词典的价值、意义给予了充分肯定和高度评价，对外教社所做的工作给予了高度赞扬，代表们认为，该词典的出版将双语辞书的编纂和出版提升到了一个新的高度，是辞书出版的一项示范性工程，是国际版权合作的成功典范，也是多方合作、协同创新的一个范例。一个小时的新闻发布会暨首发式取得了圆满成功，营造了很强的市场影响力。当天，有关媒体及时报道和播出了相关新闻，晚上，外教社接到了来自合作出版方的电话，称他们从新闻中获悉了这一喜讯，并致电外教社表示祝贺。第二天，不少手机用户都收到了新闻和短信，获悉了这一信息。此后几天，报纸、期刊、广播、电视、网络等媒体都从不同的角度报道了这一出版活动，引起了社会各界和读者的广泛关注，许多读者纷纷要求订购这部词典。同时，外教社有针对性地在一些媒体上投放了一定数量的广告，达到了广而告之的目的，有效地促进了销售。

其次，借助媒体宣传、广告投入等的作用，外教社的营销人员展开了积极有效的营销活动，向所有有业务往来的零售网点、实体书店、电商，尤其是校园书店展开广泛的铺货工作，力争达到全面覆盖，取得了非常不错的效果。此外，外教社积极向终端消费者和各高校外语院系、部，以及各外语院校推广这部对外语教学、科研和翻译等十分有益的权威工具书。有的院校为每位教师购置一册，有的院校在资料室、图书馆、研究所（室）等购置若干册，供借阅或查阅。为满足部分消费者的收藏需求，外教社还专门提供了个性化的、有纪念价值的特制版服务：在封面或扉页上烫上或印刻上读者的姓名或相关定制语。通过各种方式的宣传、推广、营销，纸质版取得了很不错的销售业绩。短短一年中，销售逾 2 万册，首战成功。

纸质词典的推广销售产生了很大的影响，业内普遍认为，这是一个多方合作共赢的、成功的典型案例。诸多电子公司、网络公司都纷纷提出合作意向，想要购买该词典的电子版权，置入其支柱性产品中，以增加产品的内容和使用价值的竞争力。随后，外教社与牛津大学出版社就电子版权转让进行了深度的探讨和合作，制定了电子版权、网络版权转让的基本原则、要求、条件、方法和操作程序，界定了彼此的权利和义务。双方加强信息沟通，及时协调和解决了版权转让中出现的问题和矛盾。外教社先后与近 10 家公司就版权转让进行了友好、共赢的合作，取得了很好的社会效益和经济效益。

5. 经验：弥足珍贵

从《新牛津英汉双解大词典》的版权转让、合同条款梳理、谈判、多种版权形式的转让到编译、审订、编辑、排版、校对、出版、发行、推广营销，外教社的工作团队感悟颇多，他们深感国际版权合作要获得成功、共赢，就必须熟悉版权业务，具备丰富的版权知识，了解国际版权合作的惯例，更要熟悉和了解市场需求和出版的过程与实践。无论是合同谈判，还是编辑出版操作与管理，出版人员都应具备较高的专业水平，也只有这样，才能在合作中，既相互尊重，相互信任，互惠互利，维护自己的权益，又不失适当的灵活性，做到大事讲原则，小事讲风格、讲合作。在合作项目的运营和管理中，出版社的各项工作必须合乎专业特性和要求，达到国际合作应有的要求和水平，才能让合作成功，取得双效益俱佳的结果。凭借外教社的专业和专注，《新牛津英汉双解大词典》的成功应属情理之中，但收获之丰硕仍出乎意料主要收获如下：第一，获得了原版即单语版版权，外教社经过审读、修改后出版发行，获得了良好的销售业绩。因影印出版，编辑、排版、校对成本相对原创要少许多，营利空间相对大一些，销售 2 万册，所获得的利润可以基本上支付编译和审订费用，同时为双语版的出版发行做好了市场铺垫，满足了一部分高端外语学者、外语教师、外语专业工作者、翻译工作者、研究生等的教学、学习和科研需求，尤其在双语词典的汉语翻译无法界定英语上下文的语境时，这种大型单语辞书，可以帮助使用者通过英文释义，查证、斟酌后确定词义。单语版的出版发行，其实从某种程度上已掀开了双语版的推广营销序幕，因为英语水平稍低一些的使用者，仅凭英文释义，常无法确定其词义，往往还得借助汉语的拐杖，帮助理解。单语版一出版，就有人打听是否准备出版双语版、何时出版等信息，口口相传，影响不断扩大，更多的使用者翘首以盼。第二，双语版问世后，在单语版使用者口口相传和一系列推广营销活动的支持下，再加上特制版、个性化服务叠加效应的作用，双语版因其规模大、有权威、可信赖等特点大受读者欢迎，首印 2 万册很快售罄，获得了预期的市场效果。第三，由于单语版、双语版纸质词典的市场反响热烈，不少电子公司纷纷前来洽谈词典电子版权的转让事宜，前后有近 10 家电子公司与外教社和牛津大学出版社签订了电子版权转让合同。《新牛津英汉双解大词典》第一版的电子版权转让收入为近 1 000 万元人民币。一本工具书有如此丰厚的版权转让收入实属不易，也颇为罕见。第四，为外教社的词典数据库建设做出了贡献。词典出版后若干年，外教社投标的项目《外教社双语词典编纂系统研究》获得了上海市科委资助项目立项，并得到了 200 万元人民币的项目资金资助。除了研发一套双语词典编纂系统，该项目还要求建立一个 60 万句对的双语平行语料库。《新牛津英汉双解大词典》的语料对该项目的建设，尤其是对双语平行句对语料库的标记和收集起到了积极的、至关重要的作用，为课题的顺利完成、资源的再度开发和使用奠定了良好的基础，该项目亦可视作词典的衍生产品，为资源的整合使用起到了样板作用。第五，为国际合作和专业化、标准化奠定了基础。《新牛津英汉双解大词典》的出版发行，在出版界产生了巨大的影响，尤其在辞书出版界更是被视为合作共赢的成功范例，引起了国际出版界的高度关注。在 2007 年法兰克福书展上，外教社的很多合作伙伴都询问这一词典的出版发行状况，一时传为美谈。此后，英国哈珀柯林斯出版社也提出愿与外教社合作开发词典项目。于是，这种规范的、专业化、标准化的项目合作，尤其是能使双方扬长避短的合作共赢的成功模式，促成了外教社和哈珀柯林斯《汉英大词典》的成功合作。值得一提的是，此项目是由外教社提供汉语语料，哈珀柯林斯出版社负责编译成双语版的。所有编译人员均以英语为母语，完成编译后由外教社负责组织专家审订。汉译英由中国学者来做，固然有对汉语的理解更准确的优势，但英语表达常常不甚确切、自然和地道。外教社期望通过与国外出版社开展合作，编纂出版一部质量较以往的汉英词典更好的双语词典，服务于汉语传播和中国传统文化走向世界。此外，在开发双语辞书的衍生产品，开发中小型双语词典、专科词典、分类词典以及资源使用和保护等方面，仍有很多工作待我们去思考，去尝试。

参考文献

• 《新牛津英汉双解大词典》编译出版委员会 . 新牛津英汉双解大词典 [Z].
　上海：上海外语教育出版社 , 2007.

图书在版编目（ＣＩＰ）数据

教材·教学·出版：庄智象学术论文自选集 / 庄智
象著. -- 北京：高等教育出版社，2024.12. --（英华
学者文库 / 罗选民主编）. -- ISBN 978-7-04-062944-6

Ⅰ.H09-53

中国国家版本馆CIP数据核字第2024QT9595号

JIAOCAI·JIAOXUE·CHUBAN
—ZHUANG ZHIXIANG XUESHU LUNWEN ZIXUANJI

策划编辑	出版发行	高等教育出版社
肖　琼	社　　址	北京市西城区德外大街4号
秦彬彬	邮政编码	100120
	购书热线	010-58581118
责任编辑	咨询电话	400-810-0598
秦彬彬	网　　址	http://www.hep.edu.cn
		http://www.hep.com.cn
封面设计	网上订购	http://www.hepmall.com.cn
王凌波		http://www.hepmall.com
		http://www.hepmall.cn
版式设计	印　　刷	北京盛通印刷股份有限公司
王凌波	开　　本	787mm×1092mm　1/16
	印　　张	9
责任校对	字　　数	137千字
胡美萍	版　　次	2024年12月第1版
	印　　次	2024年12月第1次印刷
责任印制	定　　价	70.00元
赵义民		

本书如有缺页、倒页、脱页等质量问题，
请到所购图书销售部门联系调换

版权所有　侵权必究
物　料　号　62944-00